ANTON BRUCKNER

MESSE F-MOLL

für Soli, gemischten Chor und Orchester

Mass in F minor

for Soloists, Mixed Chorus and Orchestra

WAB 28

Neuausgabe nach den Quellen von
New edition based on original sources by
Rüdiger Bornhöft

Klavierauszug von / Vocal Score by
Roland Erben

C. F. PETERS

FRANKFURT/M. · LEIPZIG · LONDON · NEW YORK

INHALT / CONTENTS

BESETZUNG / ORCHESTRATION

2 Flauti – 2 Oboi – 2 Clarinetti – 2 Fagotti
2 Corni – 2 Trombe – 3 Tromboni
Timpani – Organo
Violino I – Violino II – Viola – Violoncello – Contrabbasso
Soli: Soprano – Alto – Tenore – Basso
Coro

Aufführungsdauer / Duration: ca. 65 Min.

Partitur / Full Score EP 10923
Aufführungsmaterial leihweise und käuflich erhältlich
Orchestral material is available for hire and purchase

Vorwort

Als Linzer Domorganist reiste Anton Bruckner (1824–1896) im Februar 1867 nach Wien, um an der Aufführung seiner Messe Nr. 1 in d-Moll teilzunehmen. Unter der Leitung von Johann Herbeck (1831–1877) erklang mit dieser Messe am 10. Februar 1867[1] zum ersten Mal ein Werk Bruckners in der Wiener Hofburgkapelle. Der einhellige Erfolg der Aufführung trug ihm sogleich den Kompositionsauftrag zu einer weiteren Messe ein. Infolge einer schweren Nervenerkrankung[2] verzögerte sich jedoch der Beginn der Ausführung bis September 1867. Am 30. Dezember desselben Jahres aber ließ Bruckner den Wiener Hofrat Anton Imhof Ritter von Geißlinghof (1816–1872) wissen: „Ich arbeite fleißig an der Messe, welche ich H. Hofrath zu dediciren die hohe Ehre habe. Das *Credo* wird bald fertig sein; *Kyrie* u *Gloria* sind scitzirt. Die Messe ist großartig angelegt; jene, welche bisher Einsicht von der Partitur genommen haben, bezeichnen sie für recht gelungen. Was mich anbelangt hoffe ich, d[a]ß H. Hofrath ein Vergnügen daran finden werden (ohne mich im mindesten überheben zu wollen, ich gebe nur H. Hofrath im Vertrauen meine Meinung und sage, daß ich mir die höchste Mühe gebe mit diesem Werke.)“[3]

Über acht Monate später – am 9. September 1868 – konnte Bruckner noch in Linz die umfangreiche Partitur des neuen Werkes, seiner Messe Nr. 3 in f-Moll, zum Abschluss bringen.[4] Kurz darauf, am 1. Oktober 1868, übernahm Bruckner nach dem Tod seines früheren Lehrers Simon Sechter (1788–1867) dessen angesehene Stelle als k. k. Hoforganist und Professor für Orgelspiel, Harmonielehre und Kontrapunkt am Konservatorium in Wien.

Eine erste Probe zur f-Moll-Messe fand unter Johann Herbeck am 20. November 1868 mit der Hofmusikkapelle statt. Unüberwindbare Schwierigkeiten bei der Einstudierung verhinderten allerdings die ursprünglich für den 28. November 1868 geplante Uraufführung. Zwei Proben, gehalten im Januar 1869 unter Herbecks Leitung, machten dem Komponisten neue Hoffnungen. So berichtete er am 13. Juli 1869 an Moritz von Mayfeld (1817–1904): „Meine Messe hat sehr gefallen; H. Hofrath, zu dem mich Herbeck sendete ward außerordentlich lieb u freundlich. Nur muß ich kürzen. Die Aufführung – im Herbste.“[5] Herbeck selbst indes gelangte zu einem ganz anderen Urteil; mit Nachdruck soll er dem Komponisten gegenüber geäußert haben: „Bruckner, Sie wissen, daß Wagner mit seinem ‚Tristan‘ und ich mit meiner B-Dur-Symphonie uns geirrt haben; können Sie nicht zugeben, daß auch Sie sich mit dieser Messe geirrt haben? Die D-Messe lasse ich mir gefallen, – aber die Messe kann ich nicht aufführen, die ist zu unsingbar.“[6]

Weitere drei Jahre sollten schließlich noch vergehen, ehe Bruckner unter Aufbietung hoher Selbstkosten ein Konzert initiieren und das Werk am 16. Juni 1872 – nun unter eigener Leitung – zur Uraufführung bringen konnte, wenn auch nicht, wie eigentlich gedacht, in der Hofburgkapelle, sondern in der Augustinerkirche.[7] Ermutigt von dem großen Erfolg der Messe schrieb er dem Linzer Domdekan Johann Baptist Schiedermayr (1807–1878) am 23. Juni 1872: „Eben heute sind es acht Tage, daß ich meine Messe in F Nr. 3 die schwierigste aller Messen, zum ersten Mal in der Augustinerkirche aufführte. (Kostete über 300 Gulden; denn ich hatte die Kräfte des Hoftheaters.) Dem Höchsten zur Verherrlichung geschrieben, wollte ich das Werk zuerst in der Kirche aufführen. Die Begeisterung von seiten der Künstler sowohl als der übrigen Anhörer war beinahe namenlos.“[8]

Die erste Aufführung in der Hofburgkapelle folgte am 8. Dezember 1873, wieder unter Bruckners Leitung. Zwischen 1876 und 1885 konnte der Komponist mehrere weitere Burgkapellen-Aufführungen der f-Moll-Messe dirigieren. Über das Konzert vom 24. Juni 1883 rezensierte Hans Woerz fünf Tage später in der *Wiener Allgemeinen Zeitung*: „Mehr als je hatte man heute den Eindruck eines ungewöhnlichen, ja sagen wir es gleich mit dem rechten Worte, eines zweifellos genialen Werkes. Diese Messe gehört zu dem Besten, das Bruckner geschaffen; sie ist mit einem Verständnis für Polyphonie, mit einer unerschöpflichen Phantasie und mit einer Beherrschung der Instrumente geschrieben, wie sie nur die größten Meister besaßen.“[9]

Die Messe Nr. 3 in f-Moll, die Bruckner 1884 als „wohl meine *größte*“ bezeichnete,[10] erfuhr mehrere kleine Umarbeitungen. Noch vor der ersten Darbietung in der Augustinerkirche verwarf Bruckner in seinem Autograph[11] einige Seiten und ersetzte sie durch neu geschriebene Bögen. Die Uraufführung selbst und die insgesamt sieben Folge-Aufführungen in der Hofburgkapelle veranlassten den Komponisten bis 1893 mehrfach zu nachträglichen Änderungen, die er im Autograph, nach 1883 aber in der Partiturabschrift eines anonymen Kopisten notierte.[12] Anders als bei der Messe Nr. 2 in e-Moll und bei den meisten seiner Symphonien führten diese Modifikationen zu keiner neuen Fassung; die Grundstruktur der Komposition blieb unangetastet.

Wie bereits in der d-Moll-Messe knüpft Bruckner in seiner f-Moll-Messe an die Tradition der Orchestermessen der Wiener Klassik (Joseph und Michael Haydn, Mozart, Beethoven) sowie die Tonsprache und Formgebung der Messen Franz Schuberts an. Die zwischen beiden Vertonungen liegende e-Moll-Messe für achtstimmigen gemischten Chor und 15 Bläser dagegen wird weitgehend vom Satzstil der Palestrinazeit geprägt. Wie in keinem anderen Werk zuvor, bricht in der f-Moll-Messe – der letzten vollendeten Komposition vor der Übersiedlung nach Wien – so entschieden und eigenständig die Sprache des Symphonikers Bruckner durch, dass die Messe mit ihrer Ausdruckstiefe, orchestralen Wirkung und weiträumigen Dimension einen Höhepunkt im kirchenmusikalischen Schaffen des 19. Jahrhunderts überhaupt darstellt. Nach diesem Werk widmete sich Bruckner in Wien vorrangig der Symphonik.

Kyrie, *Sanctus* und *Agnus Dei* verlangen schon vom Text eine dreiteilige Gliederung (aba', abc bzw. aa'a" mit „Dona nobis pacem“), während das *Benedictus* mit großer Freizügigkeit geformt ist. Mit der Violoncello-Kantilene zu Beginn kündigen sich bereits die großen Adagio-Sätze der Symphonien Bruckners an. Am Schluss wird traditionell das *Hosanna* aus dem *Sanctus* wiederholt. Das gleichfalls dreiteilige *Gloria* mit dem langsamen Mittelteil „Qui tollis“ (T. 116) variiert das Sonatensatzschema insofern, als die Reprise („Quoniam“, T. 170) zunächst auf das „Gratias“ (T. 39) zurückgreift und erst das „Cum sancto“ (T. 206) den Bogen zum Anfang schließt. Auf den affirmativen Beginn des *Credo* folgen zwei Abschnitte gegensätzlichen Charakters: ein lyrischer Teil „Et incarnatus est“ (T. 117) und die dramatische Wiederauferstehungsbotschaft „Et resurrexit“ (T. 199). Mit „Et in Spiritum“ (T. 327) setzt eine verkürzte Reprise ein. Die kontrapunktische Arbeit nimmt allgemein einen breiteren Raum ein als in den früheren Messen. Neben der kraftvollen Doppelfuge im *Gloria* „In gloria Dei Patris. Amen.“ (T. 229)[13] erscheint die Schlussfuge im *Credo* „Et vitam venturi saeculi. Amen.“ (T. 438) noch verstärkt durch die achtmal eingeflochtenen „Credo“-Rufe. Eine abwärts führende diatonische

Quartlinie umrahmt nicht nur im *Kyrie* und im letzten Teil des *Agnus Dei* („Dona nobis pacem") das gesamte Werk, sondern erklingt in den ersten beiden und den letzten beiden Takten der Messe wie ein Sinnbild von Bitte (f-Moll) und Segen (F-Dur). Rückblickend werden im „Dona" die beiden Fugenthemen aus dem *Gloria* und dem *Credo* notengetreu wiedergegeben (*Agnus Dei*, T. 99, Chor, bzw. T. 104, Oboen und 1. Klarinette).

Anders als in den beiden früheren Messen ist in der f-Moll-Messe die obligate Priesterintonation „Gloria in excelsis Deo" und „Credo in unum Deum" zu Beginn der jeweiligen Sätze auskomponiert, womit Bruckner das Werk dem Konzertsaal anpasste. Die erste Konzertaufführung fand am 23. März 1893 durch den Akademischen Wagner-Verein im Wiener Musikvereinssaal unter Leitung von Josef Schalk (1857–1900) statt. Es kam zu schweren Verstimmungen mit Bruckner, da sich Schalk im Umgang mit dem Notentext verschiedene Eigenmächtigkeiten gestattete, die vom Komponisten nicht zu akzeptieren waren. Zu den strukturellen Eingriffen gehörten z. B. die Hinzufügung des 3. und 4. Horns oder Veränderungen in den Stimmen der Holz- und Blechbläser.

Nach der viel beachteten Aufführung, für die auch der einflussreiche Dirigent Hans Richter lobende Worte fand, klagte Josef Schalk am 15. April 1893 seinem Bruder Franz: „Bruckner freilich hat mir die Hölle heiß genug gemacht und in den letzten Proben mich derart gequält, daß nur eine Stimme allgemeiner Empörung gegen ihn herrschte. Es ist wirklich unmöglich in seiner Gegenwart weiter etwas für ihn zu leisten. Der Dämon treibt ihn zu den unglaublichsten Bosheiten und Sekaturen, keine Verdächtigung, kein Schimpf ist ihm zu niedrig in seiner Aufregung. Wie durch ein Wunder bin ich durch alle diese *Strapazen* heil hindurchgekommen. Richter der von der Sache auch erfahren hielt Bruckner sein Verhalten vor u. sagte schließlich halb scherzend: ‚Sie sollten überhaupt nur schreiben; wenn sie nicht komponieren, sind sie unausstehlich!' – Und damit hat er Recht. Nur ein Unverwundbarer wie ich, konnte solchen Schlägen widerstehen. Am meisten freute mich natürlich, daß sich die Bearbeitung des Orchesters so gut bewährte. Bruckner thut als hätte er nichts bemerkt und sagt gar nichts über diesen Punkt, ist mir ganz recht."[14]

Die von Schalk bearbeitete Partitur bildete 1894 – ungeachtet Bruckners Kritik und ohne dessen Autorisation – die Grundlage des Erstdrucks im Musikverlag Doblinger, Wien. Seine Unzufriedenheit über Schalks Eigenmächtigkeiten ließ der Komponist u. a. in einem Brief vom 14. April 1895 an den Berliner Chordirektor Siegfried Ochs (1858–1929) anklingen: „Der Bruckner wird alt und möchte doch so gern noch die *F-moll* hören! Bitte, bitte! Das wäre der Höhepunkt meines Lebens. Aber dann manches anders als die Partitur!"[15] Bruckners Wunsch nach einer bereinigten, seinem Willen entsprechenden Werkausgabe blieb unerfüllt, ebenso die erhoffte weitere Aufführung zu Lebzeiten.

Entsprechend seiner Partiturfassung richtete Josef Schalk einen Klavierauszug der f-Moll-Messe ein, der ohne Jahresangabe, vermutlich aber 1894, zeitgleich mit der Partitur, erschien. Auf den Erstdruckquellen beruhte auch der Klavierauszug, den Kurt Soldan 1936 in der Edition Peters vorlegte.[16] Der aus heutiger Sicht überladen wirkende Klavierpart wurde für die vorliegende Neuausgabe konsultiert, jedoch nur an wenigen Stellen übernommen, etwa dort, wo der Chor a cappella singt oder der Chorpart eigenständig geführt und nicht vom Orchester gestützt wird. Zur Erleichterung der Einstudierung wurde in diesen Fällen der Chorsatz im Kleinstich in den Klavierpart aufgenommen. Der von Roland Erben neu erarbeitete Klavierauszug zielt auf klangvolle Wiedergabe des Orchesters unter Berücksichtigung der pianistischen Ausführbarkeit. Die Grundlage für den Notentext bildet die zugehörige Partiturausgabe (Edition Peters Nr. 10923), in der auch detaillierte Angaben zu den Quellen sowie der Revisionsbericht enthalten sind.

Bremen, September 2006 *Rüdiger Bornhöft*

---

[1] Einige Autoren wie Robert Haas (*Anton Bruckner*, Potsdam 1934, S. 14) oder Manfred Wagner (*Bruckner*, Mainz/München 1983, S. 76) geben als Datum fälschlicherweise den 17. Januar 1867 an.

[2] Nach einem dreimonatigen Aufenthalt in der Kaltwasserheilanstalt Bad Kreuzen (Oberösterreich) wurde Bruckner am 8. August 1867 als geheilt und gesund" entlassen; siehe dazu Eva Marx, *Bad Kreuzen – Spekulationen und kein Ende*, in: *Bruckner-Symposion Linz 1992*, Linz 1995, S. 31.

[3] Zit. nach *Anton Bruckner, Briefe*, Band I, hrsg. von Andrea Harrandt und Otto Schneider †, Wien 1998 (= *Anton Bruckner, Sämtliche Werke*, Bd. 24/1), S. 75.

[4] Autographer Schlussvermerk auf der letzten Seite des *Agnus Dei*: „Scitze 31. Aug. 1868 Linz / fertig 9. September".

[5] *Bruckner, Briefe I*, S. 110.

[6] Zit. nach Max Auer, *Anton Bruckner als Kirchenmusiker*, Regensburg 1927, S. 23.

[7] Vgl. Bruckners Brief vom 11. Juni 1872, fünf Tage vor der Aufführung, an Moritz von Mayfeld, Linz: „Ihrem Wunsche gemäß beeile ich mich zu berichten, daß Sonntag den 16. Juni um 11 Uhr unter meiner Leitung meine F Messe endlich einmal zur Aufführung kommt, u. zwar in der Augustinerkirche Hofopernorchester u. Chor mit Dir. Hellmesberger an der Spitze. Dr. Kraus etc. Bis jetzt gefiel sie jedermann sehr." (*Bruckner, Briefe I*, S. 134).

[8] Ebenda.

[9] Zit. nach Karl Pfannhauser, *Zu Anton Bruckners Mess-Vertonungen* (2. Teil), in: *Mitteilungsblatt der IBG* Nr. 26, Wien, Oktober 1985, S. 22. Über die beiden im Haupttext genannten Hofburgkapellen-Aufführungen der Jahre 1873 und 1883 hinaus war die f-Moll-Messe am gleichen Ort noch fünf weitere Male unter Bruckners Leitung zu hören: am 30. Juli 1876, 17. Juni 1877, 30. April 1882, 9. November 1884 und 8. Dezember 1885. Näheres zu den Aufführungen bei Pfannhauser, a. a. O., S. 20 f.

[10] Brief vom 9. November 1884 an Theodor Helm (?), Wien (*Bruckner, Briefe I*, S. 226).

[11] Bruckner vermachte testamentarisch 1893 seine Autographe der „kais. und kön. Hofbibliothek in Wien" (jetzt Österreichische Nationalbibliothek). Bei der Übergabe der Handschriften nach dem Tod Bruckners (1896) fehlte die Eigenschriftpartitur der f-Moll-Messe, sie konnte erst 1922 durch Gerichtsbeschluss endgültig der Nationalbibliothek anvertraut werden. Siehe dazu Robert Haas: *Die Originalpartitur von Bruckners Messe in f-Moll*, in: *Der Auftakt* 4 (1924), S. 105.

[12] Näheres zur Quellenlage der f-Moll-Messe im Revisionsbericht der Partitur (Edition Peters Nr. 10923).

[13] Bruckner achtete vor der Drucklegung der Messe darauf, dass der Triller im 4. Takt auf „Patris" stehen blieb, weil er zum Thema gehört; vgl. Göllerich/Auer, *Anton Bruckner*, Regensburg 1932, Band III/1, S. 480.

[14] Zit. nach *Anton Bruckner, Briefe*, Band II, hrsg. von Andrea Harrandt und Otto Schneider †, Wien 2003 (= *Anton Bruckner, Sämtliche Werke*, Bd. 24/2), S. 215.

[15] Ebenda, S. 303. Vgl. auch den im Wortlaut ähnlichen Brief Bruckners vom 14. April 1894, ebenfalls an Siegfried Ochs: „Der Bruckner wird alt und hätte so gern noch die *F-moll* (nicht wie geschrieben in D) von seinem herzliebsten Chor hören wollen. [...] Bitte, bitte!" (ebenda, S. 257).

[16] Edition Peters Nr. 3845, mit einem Vorwort versehen von Wilhelm Weismann.

Preface

In February 1867 Anton Bruckner (1824–1896), then the organist at Linz Cathedral, traveled to Vienna to take part in a performance of his Mass No. 1 in D minor. The performance duly took place on 10 February under the direction of Johann Herbeck (1831–1877),[1] marking the first time that a work by Bruckner had been heard in the Vienna Court Chapel. Its resounding success immediately led to a new commission for another Mass. Owing to a severe nervous disorder,[2] however, Bruckner was unable to start work on the new setting until September 1867. On 30 December he sent an interim report to the Viennese Court Councilor Anton Imhof Ritter von Geißlinghof (1816–1872): "I am working diligently on the Mass, which it is my high honor to dedicate to yourself. The *Credo* will soon be finished; the *Kyrie* and *Gloria* are already sketched. The Mass is laid out on a grand scale; those who have glanced at the score to date say that it has come off very well. As far as I am concerned, I hope that you will take pleasure in it (without wishing to appear in the least presumptuous, I offer you my confidential opinion and say that I am giving this work my utmost effort.)"[3]

More than eight months were to pass before Bruckner, then still in Linz, was able on 9 September 1868 to put the finishing touches on the bulky score of the new work, his Mass No. 3 in F minor.[4] A short while later, on 1 October 1868, he succeeded his former teacher Simon Sechter (1788–1867) to the distinguished position of Royal-Imperial Court Organist and Professor of Organ, Harmony, and Counterpoint at Vienna Conservatory.

On 20 November 1868 Johann Herbeck conducted an initial rehearsal of the F-minor Mass with the court orchestra and chorus. The première, originally scheduled for 28 November 1868, was, however, thwarted by insurmountable difficulties at the rehearsal stage. Two further rehearsals under Herbeck in January 1869 gave the composer new hope. On 13 July 1869 he could write to Moritz von Mayfeld (1817–1904) that "my Mass has met with great approval; the Court Councilor, to whom Herbeck sent me, was extraordinarily kind and friendly. But I have to make cuts. The performance [will take place] in autumn."[5] Herbeck himself, on the other hand, came to a completely different verdict, and is said to have flatly told the composer, "Bruckner, you realize that Wagner blundered with his *Tristan*, as I did with my B-flat major Symphony; why can't you admit that you, too, blundered with your Mass? I can put up with the Mass in D, but this one I cannot perform, it's unsingable."[6]

Another three years would ultimately pass before Bruckner was able to organize a concert, at great expense to himself, and to give the work its première under his own baton on 16 June 1872. Rather than taking place in the Court Chapel, as originally envisaged, the performance was held in the Church of the Augustinian Friars.[7] Encouraged by its warm reception, he wrote on 23 June 1872 to Johann Baptist Schiedermayr (1807–1878), the dean of Linz Cathedral: "It is one week to the day since I conducted the first performance of my Third Mass in F, the most difficult of all my Masses, in the Augustinian Church. (It cost more than 300 gulden, for I used the musicians of the Court Theater.) Written for the glorification of God, I wanted the work first performed in church. The enthusiasm from the artists as well as the other listeners was almost boundless."[8]

The first performance in the Court Chapel took place on 8 December 1873, again under Bruckner's direction. From 1876 to 1885 the composer was able to conduct several further performances of the Mass in the Court Chapel. The concert on 24 June 1883 was reviewed by Hans Woerz five days later in the *Wiener Allgemeine Zeitung*: "Today, more than ever before, one had the impression of an uncommon work or – let us not mince words – a work of unquestionable genius. This Mass is one of the best things that Bruckner has brought forth; it is written with a command of counterpoint, an unflagging imagination, and a mastery of instrumentation as were possessed by only the greatest of masters."[9]

Bruckner's Mass No. 3 in F minor, which the composer, in 1884, called "probably my greatest,"[10] underwent a number of minor revisions. Even before its first hearing in the Church of the Augustinian Friars, he discarded several pages from the autograph score[11] and replaced them with newly written sheets. The première itself, and the seven performances that followed in the Court Chapel, caused the composer to make alterations on several occasions as late as 1893, entering them either directly in the autograph score or, after 1883, in a copyist's manuscript.[12] Unlike the Mass No. 2 in E minor and most of his symphonies, these modifications were not significant enough to warrant a new version; the fundamental structure of the composition was left untouched.

For the F-minor Mass, as previously in his D-minor setting, Bruckner drew on the orchestral Mass tradition of the Viennese classical period (Joseph and Michael Haydn, Mozart, and Beethoven) and on the idiom and formal design of the Masses of Franz Schubert. In contrast, the intervening E-minor Mass, for eight-voice mixed chorus and fifteen wind instruments, is largely dominated by the Palestrina style. The F-minor Mass was the last work that Bruckner completed before relocating to Vienna. It surpasses all his previous efforts in the boldness and independence with which his symphonic style comes to the fore, thereby placing the piece among the towering masterpieces of nineteenth-century church music in depth of expression, orchestral impact, and spaciousness of design. After completing the work Bruckner devoted himself, in his Vienna years, mainly to the symphony.

Owing to the nature of their texts, the *Kyrie*, *Sanctus*, and *Agnus Dei* call for a tripartite design (respectively ABA', ABC, and AA'A" with "Dona nobis pacem"). The *Benedictus*, in contrast, is shaped with great freedom: the opening melody in the cello already foreshadows the great slow movements of Bruckner's symphonies. The *Hosanna* is traditionally repeated at the end of the *Sanctus*. The likewise tripartite *Gloria*, with its slow middle section on the words "Qui tollis" (m. 116), is a variant of sonata-allegro form in which the recapitulation at "Quoniam" (m. 170) first takes up the "Gratias" (m. 39) before returning to the opening at "Cum sancto" (m. 206). The affirmative beginning of the Credo is followed by two sections of contrasting character: a lyrical passage at "Et incarnatus est" (m. 117) and the dramatic message of the Resurrection at "Et resurrexit" (m. 199). The words "Et in Spiritum" (m. 327) initiate a truncated reprise. Generally speaking, contrapuntal artifice bulks larger in this work than in Bruckner's earlier Mass settings. Besides the powerful double fugue in the *Gloria*, at "In gloria Dei Patris. Amen" (m. 229),[13] the concluding fugue of the *Credo* at "Et vitam venturi seculi. Amen" (m. 438) is intensified by eight acclamations of "Credo" stitched into the compositional fabric. A descending diatonic line of a fourth appears in the *Kyrie* and the final section of the *Agnus Dei* ("Dona nobis pacem") to frame the entire work;

moreover, it is also heard in the first two and the final two bars of the Mass as a symbol, respectively, of supplication (in F minor) and benediction (in F major). In the "Dona," the two fugue subjects from the *Gloria* and the *Credo* reappear unchanged as retrospective allusions (m. 99 of the chorus and m. 104 of the oboes and first clarinet in the *Agnus Dei*).

Unlike its two predecessors, the F-minor Mass sets the two obligato priestly intonations "Gloria in excelsis Deo" and "Credo in unum Deum" at the beginnings of their respective movements, thus making the work suitable for performance in the concert hall. The first concert performance was given by the Academic Wagner Society in Vienna's Musikvereinssaal on 23 March 1893, conducted by Josef Schalk (1857–1900). It came to a severe falling out with the composer, for Bruckner was unwilling to condone the high-handed manner in which Schalk dealt with the musical text. Among Schalk's structural interventions were, for example, the addition of third and fourth horn parts and changes in the woodwind and brass.

After the highly acclaimed première, which even drew praise from the influential conductor Hans Richter, Schalk complained to his brother Franz on 15 April 1893: "To be sure, Bruckner took me to task and tormented me in the final rehearsals to such a degree that a feeling of general outrage reigned against him. It is truly impossible to do anything for him in his presence. His demon drives him to the most incredible acts of malice and annoyance; no suspicion, no invective is too low for him when he gets excited. As if by miracle I managed to scrape through all these struggles safe and sound. When Richter heard of the matter he upbraided Bruckner for his behavior and finally told him, half in jest; 'You should do nothing but write; when you're not composing you're insufferable!' And he's right about that. Only a man as thick-skinned as I am could withstand blows like these. What made me happiest, of course, was that the orchestral arrangement proved its worth. Bruckner acted as if he hadn't noticed a thing and said nothing on this point, which is fine with me."[14]

Despite Bruckner's criticism – and without his sanction – Schalk's arrangement of the score formed the basis of the first printed edition, published by the Viennese firm of Doblinger in 1894. His dissatisfaction with Schalk's high-handedness can be heard, among other places, in his letter of 14 April 1895 to the Berlin choral conductor Siegfried Ochs (1858–1929): "Bruckner is getting old and wants so badly to hear the F-minor! Please, do it! It would be the climax of my life. But then do some things differently from the score!"[15] Bruckner's wish for an unadulterated edition of the work reflecting his intentions was to remain unfulfilled, as were his hopes for further performances during his lifetime.

In keeping with his score arrangement, Josef Schalk also produced a piano reduction of the F-minor Mass that appeared without date but presumably in the same year as the full score (1894). The vocal score that Kurt Soldan prepared for Peters in 1936 was likewise based on the earliest printed sources.[16] Its piano part seems cumbersome by today's standards and has been consulted in very few instances for our new edition, particularly where the chorus sings *a cappella* or the choral part is independent and lacks orchestral support. In these cases the choral writing has been incorporated in the piano part in small print as a study aid. Roland Erben's new vocal score seeks to achieve a sonorous piano reduction while lying well beneath the fingers. The musical text is based on the associated edition in full score (Edition Peters No. 10923), which also contains detailed notes on the sources and a critical commentary.

Bremen, September 2006 *Rüdiger Bornhöft*

(Translation: J. Bradford Robinson)

---

[1] Several writers, including Robert Hass: *Anton Bruckner* (Potsdam, 1934), p. 14, and Manfred Wagner: *Bruckner* (Mainz and Munich, 1983), p. 76, incorrectly give this date as 17 January 1867.

[2] After a three-month stay at the cold-water spa of Bad Kreuzen in Upper Austria, Bruckner was released as "hale and hearty" on 8 August 1867. See Eva Marx: "Bad Kreuzen – Spekulationen und kein Ende," *Bruckner-Symposion Linz* 1992 (Linz, 1995), p. 31.

[3] Quoted from *Anton Bruckner, Briefe*, vol. 1, ed. Andrea Harrandt and Otto Schneider †, *Anton Bruckner: Sämtliche Werke*, vol. 24/1 (Vienna, 1998), p. 75.

[4] The autograph concluding mark on the final page of the *Agnus Dei* reads "Sketch 31 Aug. 1868 Linz / completed 9 September."

[5] *Bruckner, Briefe I*, p. 110.

[6] Quoted from Max Auer: *Anton Bruckner als Kirchenmusiker* (Regensburg, 1927), p. 23.

[7] See Bruckner's letter of 11 June 1872 to Moritz von Mayfeld in Linz, written five days before the performance: "In keeping with your request I hasten to report that my Mass in F will finally reach performance under my direction on Sunday, the 16th of June, at 11 o'clock in the morning, namely in the Augustinian Church, with the orchestra and chorus of the Court Opera and with conductor Hellmesberger at the rostrum. Dr. Kraus etc. To date everyone has liked it a lot." *Bruckner, Briefe I*, p. 134.

[8] *Ibid.*

[9] Quoted from Karl Pfannhauser: "Zu Anton Bruckners Mess-Vertonungen [Part 2]," *Mitteilungsblatt der Internationalen Bruckner-Gesellschaft*, no. 26 (Vienna, October 1985), p. 22. The two Court Chapel performances of 1873 and 1883 mentioned in the main text were followed by five further performances under Bruckner's direction at the same location: 30 July 1876, 17 June 1877, 30 April 1882, 9 November 1884, and 8 December 1885. Further information in *ibid.*, pp. 20 f.

[10] Letter of 9 November 1884 to Theodor Helm (?) in Vienna; *Bruckner, Briefe I*, p. 226.

[11] In 1893 Bruckner bequeathed his autograph manuscripts to the "Royal-Imperial Court Library in Vienna" (now the Austrian National Library). When the manuscripts were presented to the library after his death in 1896, the holograph score of the F-minor Mass was not among them. It was not until 1922 that the score could finally be entrusted to the National Library. See Robert Haas: "Die Originalpartitur von Bruckners Messe in f-Moll," *Der Auftakt* 4 (1924), p. 105.

[12] For further information about the sources of the F-minor Mass see the editorial commentary of the full score (Edition Peters No. 10923).

[13] Before seeing the Mass into print, Bruckner took pains to ensure that the trill on "Patris" in bar 4 was allowed to remain as it forms part of the theme; see Göllerich and Auer: *Anton Bruckner*, vol. 3/1 (Regensburg, 1932), p. 480.

[14] Quoted from *Anton Bruckner, Briefe*, vol. 2, ed. Andrea Harrandt and Otto Schneider †, *Anton Bruckner: Sämtliche Werke*, vol. 24/2 (Vienna, 2003), p. 215.

[15] *Ibid.*, p. 303. Se also Bruckner's similarly worded letter of 14 April 1894, likewise to Siegfried Ochs: "Bruckner is getting old and would so much like to hear the F-minor (not as written in D) sung once again by his favorite choir. [...] Please, do it!" (*ibid.*, p. 257).

[16] Edition Peters No. 3845, supplied with a preface by Wilhelm Weismann.

MESSE F-MOLL

für Soli, Chor und Orchester

Kyrie

Anton Bruckner (1824–1896)
Herausgegeben von Rüdiger Bornhöft
Klavierauszug von Roland Erben

17
Ky - ri - e e - le - - i - son,
Ky - ri - e e - le - - i - son,
Ky - ri - e e - le - - i - son,
Ky - - ri - e e - le - i - - son,
Ky - - ri -
dim.
cresc.
Vl. I
Ob., Kl.
Hr.
Str.
22
-e,
Ky - - ri - e,
Fg.
Vc., Kb.
25
B
Ky - - ri - e — e - le - - i - son,
Ky - - ri - e e - le - - i - son,
Ky - ri - - e e - le - - i - - son,
Pos.
Hbl.

29
p
Ky - - ri - e,
p
Ky - - ri - e,
p
Ky - - ri - e,
mf
Ky- - - ri - e,
p
Ky - - - ri -
p
Ky - - - ri -
p
Ky - - - ri -
p
cresc.
Vc.
p
32
- e.
- e.
- e,
mf cresc.
Ky- - - ri - e
e - le- - - - i -
dim.
cresc.
Vc.
dim.
35
p
- son.
Ob.
dim.
p
Fg.

38
C
Bass solo
B.
Chri - ste,
Chri - ste
e -
Vl. solo
Ob.
Vl. I
Kl.
Hr.
41
Sopran solo
S.
Chri - ste,
-le - i - son,
44
Bass solo
Fl.
Fl., Ob., Kl.

47
S.
Sopr. solo
f
Chri - - - ste,
- le - - - - i - son,
- le - - - - i - son,
Ob., Kl., Fg.
Vl.
Vl. solo
50
D
mf
dim.
p
pp
Chri - - - - - - ste,
Chri - - - - -
Chri - - - - - - ste,
Chri - - - - - - ste,
Chri - - - - - ste,
Vl. I
Vl. solo
Vl. II, Va.
Vc. Kb.
53
p cresc.
- ste,
Chri - - - ste,
pp cresc.
Chri - - - - - ste,
Vl. I
Vl. solo
cresc.

55
E
ff
Chri - ste e - le - i - son, e -
Tutti
57
59
dim.
p
Str.

61
Sopr. solo mf
S.
Bass solo
e - le - - - i - son,
mf
B.
Chri - - - ste,
p cresc.
Chri - - - - -
p cresc.
Chri - - - - -
poco a poco cresc.
64
f
e - le - - - i - son,
f
ff
Chri - - - ste,
Chri - - - ste,
- ste,
mf cresc.
Chri - - - - - -
ste,
- ste,
mf cresc.
Chri - - - - - -
ste,
p cresc.
Chri - - - - - -
ste,
Chri - - - - ste,
p cresc.
Chri - - - - - -
ste,
Chri - - - - ste,
cresc.

F
Sopr. solo
67
S.
Chri - ste e - le - i - son, e - le - i - son,
Chri - ste e - le - i - son, e - le - i - son,
Chri - ste e - le - i - son, e - le - i - son,
Chri - ste e - le - i - son, e - le - i - son,
Chri - ste e - le - i - son, e - le - i - son,
Hr.
70
S.
Chri - ste, Chri - ste.
B.
e - le - i - son.
Chri - ste, Chri - ste.
Chri - ste, Chri - ste.
Chri - ste, Chri - ste.
Chri - ste, Chri - ste.
Hr.
dim.
Hr.
p dim.
73
Va.
Vl.

77 G
Ky - - ri - e,
Ky - - ri - e,
Ky - - ri - e,
Ky - - ri - e,
Str.
cresc.
81
Ky - - ri - e e - le - - i - - son,
Ky - - ri - e e - - le - - i - son,
Ky - - ri - e e - - le - - i - son,
Ky - - ri - e e - - le - - i - - son,
dim.
Str.
Ob.
Vl.
Fl.
Hr.
Str.
85 H
p cresc.
mf cresc.
f cresc.
Ky - - ri - e,
Ky - - ri - e,
Ky - - ri - e,
Ky - - ri - e,
Ky - - ri - e,
Ky - - ri - e,
Ky - - ri - e, Ky - - - r
Fl.
Ob.
Str.
Hbl.
Str.
poco a poco cresc.

89
Ky - ri - e e
Ky - ri - e e
Ky - ri - e e
e, Ky - ri
Hbl.
cresc.
Vl. I/II
Tutti
Va.
91
le - i - son,
le - i - son,
le - i - son,
e e - le - i - son,
Pos.
Va.
tr
93
J
p dim.
pp
Ky - ri - e, Ky - ri - e,
Ky - ri - e, Ky - ri - e,
Ky - ri - e, Ky - ri
Ky - ri - e, Ky - ri - e,
cresc.
Ob.
Kl.
Str.
Hbl.
Hr.
(tr)

97
ff
Ky - - - - - - ri - -e e - - -
Ky - - - - - - ri - -e e - - -
-e, e - -le - - - - - - - - -
Ky - - - - - - ri - -e e - - -
Hr.
99
dim.
-le - - - - i son, Ky - - ri -
p
pp
Ob.
Vc., Kb.
102
B.
K
Bass solo
Ky -
-e e - -le - - i son, Ky - - ri -
Hr.
Str.
Va.
Vl.
poco a poco cresc.

106
Sopr. solo
S.
B.
Ky- - - - ri- e e- lei - - son,
- - - ri- e e- lei - - son, Ky- -
- e e- -le- - - - i- -son, Ky- - - ri-
- e e- -le- - - - i- -son, Ky- - - ri-
Ky- - - - ri- -e e- -le- - - - i- son,
Ky- - - - ri- -e e- -le- - - - i- son,
110
L
Ky- - - - ri- e e- lei - son,
- - - ri- e e- lei - son,
- e e- le- - - - i- son, Ky- - - ri-
- e e- le- - - - i- son, Ky- - - ri-
Ky- - - ri- e e- lei- - - son, Ky- - - ri-
Ky- - - - ri- e e- lei- - - son, Ky- - - ri-
Tutti

114
S.
ff
Ky - ri - e e - le - i -
B.
ff
Ky - ri - e e - le - i -
- e e - le - i - son,
- e e - le - i - son,
- e e - le - i - son,
- e e - le - i - son,
117
S.
- son, Ky - ri - e e -
B.
- son, Ky - ri - e e -
Ky - ri - e e - le - i -
Ky - ri - e e - le - i -
Ky - ri - e e - le - i -
Ky - ri - e e - le - i -

120
M
S.
B.
-le - - - - - i - - son,
-le - - - - - i - - son,
pp
- son,
Ky- - - ri - e e - lei - son,
- son,
Ky- - - ri - e e - lei - son,
- son,
Ky- - - ri - e e- - -lei - son,
- son,
Ky- - - ri - e e- - -lei - son,
125
e- - -lei - son, e - lei - son, e -
f
Vc., Kb.

130
N
cresc.
ff
p
- lei - son, Ky - ri - e e - le - - - i - son, e - le - i - - son,
- lei - son, Ky - ri - e e - le - - - i - son, e - le - - i - son,
- lei - son, Ky - ri - e e - le - - - i - son, e - le - - i - - son,
- lei - son, Ky - ri - e e - le - - - i - son, e - le - i - - - son,
Vc.
Kb.
pp
136
Ky - - - ri - - e e -
Va.
Fg.
sf
Vc.
Vl. I
Vl. II
dim.
cresc.
141
- le - - - - - i - son.

Gloria

Allegro
ff
Sopran
Alt
Tenor
Bass
Glo - - - - - ri - a in ex - cel - - - - sis
Glo - - - - - ri - a in ex - cel - - - - sis
Glo - - -
Glo - - -
Allegro
Trp.
Vc.
ff
marcato
4
De - - - o.
De - - - o.
- - - ri - a in ex - cel - sis De - - - o.
- - - ri - a in ex - cel - sis De - - - o.
A
p
Et in
Trp.
Hr.
Kb.
Str.
8
ter - ra pax ho - mi - ni - bus bo - nae vo - - lun - ta - tis.
ter - ra pax ho - mi - ni - bus bo - nae vo - - lun - ta - tis.
ter - ra pax ho - mi - ni - bus bo - nae vo - - lun - ta - tis.
ter - ra pax ho - mi - ni - bus bo - nae vo - - lun - ta - tis.

13
B
ff
Lau - da - mus te, be-ne-di -
Lau - da - mus te, be-ne-ci -
Lau - da - mus te, be-ne-di -
Lau - da - mus te, be-ne-di -
ff
marcato
17
- ci-mus te,
- ci-mus te,
- ci-mus te,
- ci-mus te,
Trp.
Str.
p
Hr.
Vl.
Ob., Kl.
21
C
p
ad - o - ra - mus
ad - o - ra - mus
ad - o - ra - mus
ad - o - ra - mus

25
D
ff
te, glo-ri-fi-ca-mus te, glo-ri-fi-ca-mus
cresc.
30
te, glo-ri-fi-ca-mus te.
35
dim.

39
E
Sopran solo
S.
Gra - ti - as a - gi - mus
Kl., Vl. II, Va.
Vl. I
43
S.
ti - bi.
Gra - ti - as pro - pter
Gra - ti - as pro - pter
Gra - ti - as pro - pter
Gra - ti - as pro - pter
Ob.
cresc.
mf
cresc.
ff marcato
47
ma - gnam glo - ri-am, glo - ri - am tu - am.
ma - gnam glo - ri-am, glo - ri - am tu - am.
ma - gnam glo - ri-am, glo - ri - am tu - am.
ma - gnam glo - ri-am, glo - ri - am tu - am.
Vl. I

51
F
Alt solo
p
A.
Gra - - - - - ti - as a - - - - -
Kl., Vl. II, Va.
dim.
p
55
A.
- - gi - mus ti - - - - - - bi.
mf
Gra - - - - ti-
Vl. I
Ob. I
cresc.
mf
59
ff
-as pro - pter mag - - nam glo - - ri- am, glo - - - ri- am
cresc.
ff
Vc., Kb.

63
G
ff
tu - am.
Do - mi - ne
sempre ff
tr
67
De - us,
Do - mi - ne
De - us,
71
Do - mi - ne
De - us,
Rex coe - le - stis,

75
H
De - us Pa - ter,
marcato
Pos.
79
Pa - ter o - mni - po -
Pos.
83
J
- tens.
Do - mi - ne

87
Fi - li,
Do - mi - ne Fi - li u - ni -
Do - mi - ne Fi - li,
Do - mi - ne Fi - li u - ni -
Fi - li,
Do - mi - ne Fi - li u - ni -
tr
91
-ge - ni - te, u - ni - ge - ni - te
Pos.
95
pp
Je - su Chri - ste.
Je - su Chri - ste.
cresc.

K
Domine Deus, Agnus Dei,
Agnus Dei,
Filius Pa-
diminuendo
Pos.
Va. dim. poco a poco
ff

112
tris.
L
116
Andante, mehr Adagio (Sehr langsam)
Qui tol - lis, qui tol - lis pec - ca -
cresc.
Str.
Vl. I
120
dim.
ta mun - di,
Ob.
dolce
Vl. II, Va.

124
mi - se - re - re, mi - se -
mi - se - re - re, mi - se - re - re, mi - se -
mi - se -
mi - se - re - re, mi - se - re - re, mi - se -
Vl. I
Vl. II
cresc.
Hr.
129
- re - re, mi - se - re - re no - bis. Qui
dim.
Vl. dim.
Str.
134
M
tol - lis, qui tol - lis pec - ca -
cresc.
Vl. I

138
ta mun - di,
ta mun - di, su - sci - pe,
ta mun - di,
ta mun - di, su - sci - pe,
Ob. dolce
Hr.
Vl. II
Va.
143
N
su - sci - pe de-pre-ca-ti-o-nem
sci-pe, su - sci-pe su - sci - pe, de-pre-ca-ti-o-nem
su - sci-pe, su - sci - pe de-pre-ca-ti-o-nem
su - sci-pe, su - sci - pe de-pre-ca-ti-o-nem
Vl. I
cresc.
147
no - stram. Qui se - des, qui se - des ad
no - stram. Qui se - des, qui se - des ad
no - stram. Qui se - des, qui se - des ad
no - stram. Qui se - des, qui se - des ad
Trp.
Vl. I
Ob.
Kl.
Vl.
Hr.
Str.
marcato

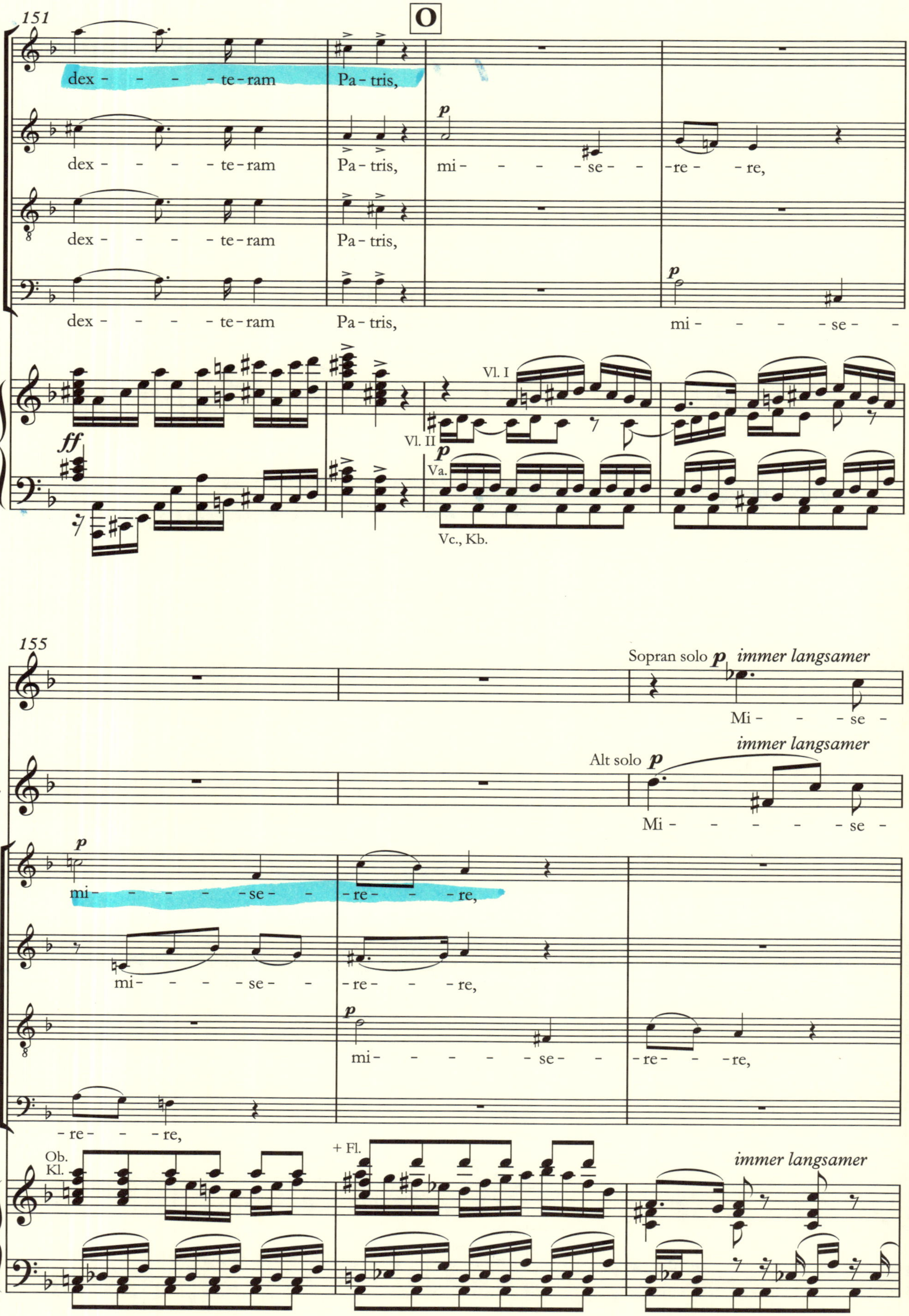
151
O
dex - - - te - ram Pa - tris,
dex - - - te - ram Pa - tris, mi - - - se - - re - - re,
dex - - - te - ram Pa - tris,
dex - - - te - ram Pa - tris, mi - - - se -
ff
Vl. I
Vl. II
p
Va.
Vc., Kb.
155
S.
A.
Sopran solo p immer langsamer
Mi - - se -
Alt solo p immer langsamer
Mi - - - se -
mi - - - se - - re - - re,
mi - - - se - - re - - re,
mi - - - se - - re - - re,
- re - - re,
Ob.
Kl.
+ Fl.
immer langsamer

sehr langsam
P
[a tempo]
dim.
S.
A.
- re - - re no - bis.
- re - - re no - - bis.
mi - se - re - re,
mi - se - re - re no - bis,
mi - se - re - re no - bis,
Ob.
Kl.
Fl.
Fg.
mi - se - re - re, mi - se - re - re, mi - se - re - re no - bis,
- re - re, mi - se - re - re, mi - se - re - re no - bis,
mi - se - re, mi - se - re - re no - bis.

Q
170
Tempo I
Sopran solo
S.
Quo - ni - am tu so - lus
Tempo I
Vl. I
Kl., Vl. II, Va.
174
San - ctus,
tu so - lus San - ctus, tu
Ob.
cresc.
mf
cresc.
ff
178
so - lus, so - lus, so - lus San - ctus,

182
R
Alt solo p
A.
tu
so -
Kl., Vl. II, Va.
dim.
p
186
lus Do - mi - nus,
mf
tu so - lus Do - mi -
Ob.
cresc.
mf
190
ff
nus, tu so - lus, so - lus Al -
cresc.
ff
Vc., Kb.

193
-tis - - - - - si - mus,
-tis - - - - - si - mus,
-tis - - - - - si - mus,
-tis - - - - - si - mus,
ff sempre
197
pp
Je - - - - su Chri - ste.
pp
Je - - - - su Chri - ste.
pp
Je - - - - su Chri - ste.
pp
Je - - - - su Chri - ste.
S
pp
Hr.
pp
Str.
203
ff
Cum
ff
Cum
ff
Cum
ff
Cum
tr
poco a poco cresc.
ff

207
San - cto Spi - ri - tu in
San - cto Spi - ri - tu in
San - cto Spi - ri - tu in
San - cto Spi - ri - tu in
ff
T
212
glo -
glo -
glo -
glo -
216
- ri - a De - i Pa -
- ri - a De - i Pa -
- ri - a De - i Pa -
- ri - a De - i Pa -

220
pp
tris,
in glo-ri-a De-i Pa-tris.
226
A-men.
U Ziemlich langsam
f
In glo-ri-a
A-
Va.
Fg., Kb.
231
A-men, a-men,
men,
De-i
Pa-tris,
a-men,
a-
In glo-ri-a
tr
Hr.
Kb.

235
in glo - ri - a
A - men, a - - men,
- men, a - - - men, a - - men,
De - - i Pa - - tris, a - - men, a -
Fl., Ob.
Vc., Kb.
239
De - - i Pa - - tris, a - - men, a -
a - men, in glo - ri - a
a - - - men, a - men, a - - men, a - - mer,
- men, a - - men, a - men, a - - - men,
Kl.
Vc., Kb.
243
- men, a - - - men, a - - men,
De - - i Pa - - tris, a - - men, a -
a - men, In glo - ri - a
a - - - men, a - men, a - - men, a - - men,
Hr.
Kb.

247
a - - - - - men, in glo - ri - a
- men, a - - - men, a - - - - - - - -
De - - i Pa - - tris, a - - men, a -
a - men, a - - - men, a - men, a - - men, a - - - -
Hr.
Ob.
Vc., Kb.
251
De - - i Pa - - tris, a - - men, a - - men,
- - - - - - men, a - men, a - - men, in
- - - - - men, a - - men, a - - - - - -
- men, a - - - men, in glo - ri - a
Fg.
Pos.
255
V
a - - - men, a - - - - - - -
glo - ri - a De - - i Pa - - tris, a - - men,
- - - - - men, in glo - ri - a De - - i
De - - i Pa - - tris, a - - men, a -

259
- - - men, in glo - - ri - a De - - - i
a - - - - - - - - - - - men,
Pa - - tris, a - - - men, a - - - men, a - - - - - -
- - - - - - - men, in glo - - ri - a
Fl., Ob.
Fg.
Pos.
Kb.
263
Pa - - - tris, a - - - men, a - - - - men, a -
a - - - - - - - - men, in glo - - ri - a
- men, a - - - - - - - men,
De - - - i Pa - - - tris, a - - - men, in
(tr)
Ob.
Kl.
267
- - - men, a - - - - - men, a - - - - - men, in
De - - - i Pa - - - tris, a - - - men, a - - - men,
in glo - - ri - a De - - - i
glo - - ri - a De - - - i Pa - - - tris, a - - - men,
Fl.
Ob.
Hr.
Fg.

271
glo - ri - a De - i Pa - tris, a - men,
in glo - ri - a De - i
Pa - tris, a - men, a - men, a -
a - men, a - men, in glo - ri - a,
Kl., Pos.
Fg.
275
in glo - ri -
Pa - tris, a - men, in glo - ri -
- men, in glo - ri - a, glo - ri -
glo - ri - a, in
ff
Fl.
Ob.
Kl.
Hr.
W
279
- a, in glo - ri -
- a, in glo - ri -
- a, in glo - ri - a, glo - ri -
glo - ri - a, glo - ri - a, in
Pos.
Hr.

283
a, a - men, a - men, a - men, a -
a, a - men, a - men, a - men, a -
a, a -
glo - ri - a, in glo - ri - a,
Fl.
Kl.
Pos.
Fg.
poco a poco dim.
287
men, a - men, a - men, a - men, a -
men, a - men, a - men, a - men, a -
men, a - men, a - men, a -
291
men, a - men, a -
men, a - men, a -
men, a - men, a -
in glo - ri - a De - i, in glo - ri - a
f
Ob.
Hr.
Kb.

295
X
-men, in glo-ri-a De-i Pa-tris, a-
-men, in glo-ri-a De-i Pa-tris,
-men, in glo-ri-a De-i
De-i, in glo-ri-a,
Fl. Kl. Fl.
Pos. I Tr. Pos. II Pos. III
300
-men, in glo-ri-a De-i Pa-tris,
a-men, a-men, in glo-ri-a
Pa-tris, a-men, a-men, in
in glo-ri-a De-i
Hr., Tr. Pos. III Pos. I Pos. II
304
Y
a-men, a-men, a-men, in glo-ri-
De-i Pa-tris, in glo-ri-a De-i
glo-ri-a a-men, a-men,
Pa-tris, a-men, in glo-ri-
Pos. I

308
- a
Pa - - tris,
a - - men,
- a
De - - - - - -
a - - men,
a - - - - -
De - - - - - - -
- i
a - - - - - - men,
- - - - - - - - - -
- i
Pa - - - - - -
men,
men, a - - - - -
Pa - - - - - - -
312
- tris,
a - - - - - -
a - - - - - -
men, a - - - men,
a - - - - - -
- men, a
men, a - - - men,
a - - - men,
a - - - - - -
- tris,
a - - - men,
a - - - men,
a - - - - - -
316
- - - - - - - - - - - - - - - - men,
a - - - - - -
- - - - - - - - - - - - - - - - men,
a - - - - - -
- - - - - - - - - - - - - - - - men,
a - - - - - -
- - - - - - - - - - - - - - - - men,
a - - - - - -
Tr.

321
men, a - men, a -
f
326
- men, a - men, a - men, a - men,
fff
331
a - men, a - men.

Credo

Allegro
Sopran
Alt
Tenor
Bass
ff
Cre - do, cre - do in u - num De - um,
Allegro
Tr. Vl.
Tr.
Fl., Ob.
Ob.
p
Pa - - - - - - - - trem
cresc.
o - mni-po-ten - - tem, fa - cto - - rem coe - - - - - -
o - mni-po-ten - - tem, fa - cto - - - rem coe - - - - - -
o - mni-po-ten - - tem, fa - cto - - rem coe - - - - - -
o - mni-po-ten - - - tem, fa - cto - - rem coe - - - - - -

13
mf
- li et ter - rae,
p
vi - si -
Str.
Ob., Kl.
Hr.
dim.
17
- bi - li-um o - mni-um
pp
et
21
in - vi - si - bi - li - um.
Ob., Kl.

poco a poco cresc.
A
ff
Et in u - - num Do - mi - num Je - sum Chri - - stum,
Et in u - - num Do - mi - num Je - sum Chri - - stum,
Et in u - - num Do - mi - num Je - sum Chri - - stum,
Et in u - - num Do - mi - num Je - sum Chri - - stum,
Fi - li - um De - i u - ni - ge - - - - ni - tum;
Fi - li - um De - i u - ni - ge - - ni - - tum;
Fi - li - um De - i u - ni - ge - - ni - - tum;
Fi - li - um De - i u - ni - ge - - ni - - tum;
p

39
et ex Pa - tre na - tum an - - - -
42
- - te o - - - - - - mni - a, o - - - mni - a sae - - - - cu -
46
- la.
B
De - - - - - -

50
S.
A.
T.
B.
Sopran solo
Alt solo
Tenor solo
Bass solo
pp
De - - - um de De - - - o,
De - - - um de De - - - c,
De - - - um de De - - - o,
De - - - um de De - - - o,
- um de De - - - - - - o,
- um de De - - - - - - o,
- um de De - - - - - - o,
- um de De - - - - - - o,
pp
54
ff
lu - - - - - - men de lu - - - - mi -
lu - - - - - - men de lu - - - - mi -
lu - - - - - - men de lu - - - - mi -
lu - - - - - - men de lu - - - - mi -
cresc.
ff

58
pp
S.
lu - - men de lu - mi - ne,
A.
lu - - men de lu - mi - ne,
T.
lu - - men de lu - mi - ne,
B.
lu - - men de lu - mi - ne,
- ne,
ff
De - - - - - -
- ne,
De - - - - - -
- ne,
De - - - - - -
- ne,
De - - - - - -
pp
cresc.
ff
62
- - - um ve - - - - - - rum de De - - - - - -
- - - um ve - - - - - - rum de De - - - - - -
- - - um ve - - - - - - rum de De - - - - - -
- - - um ve - - - - - - rum de De - - - - - -

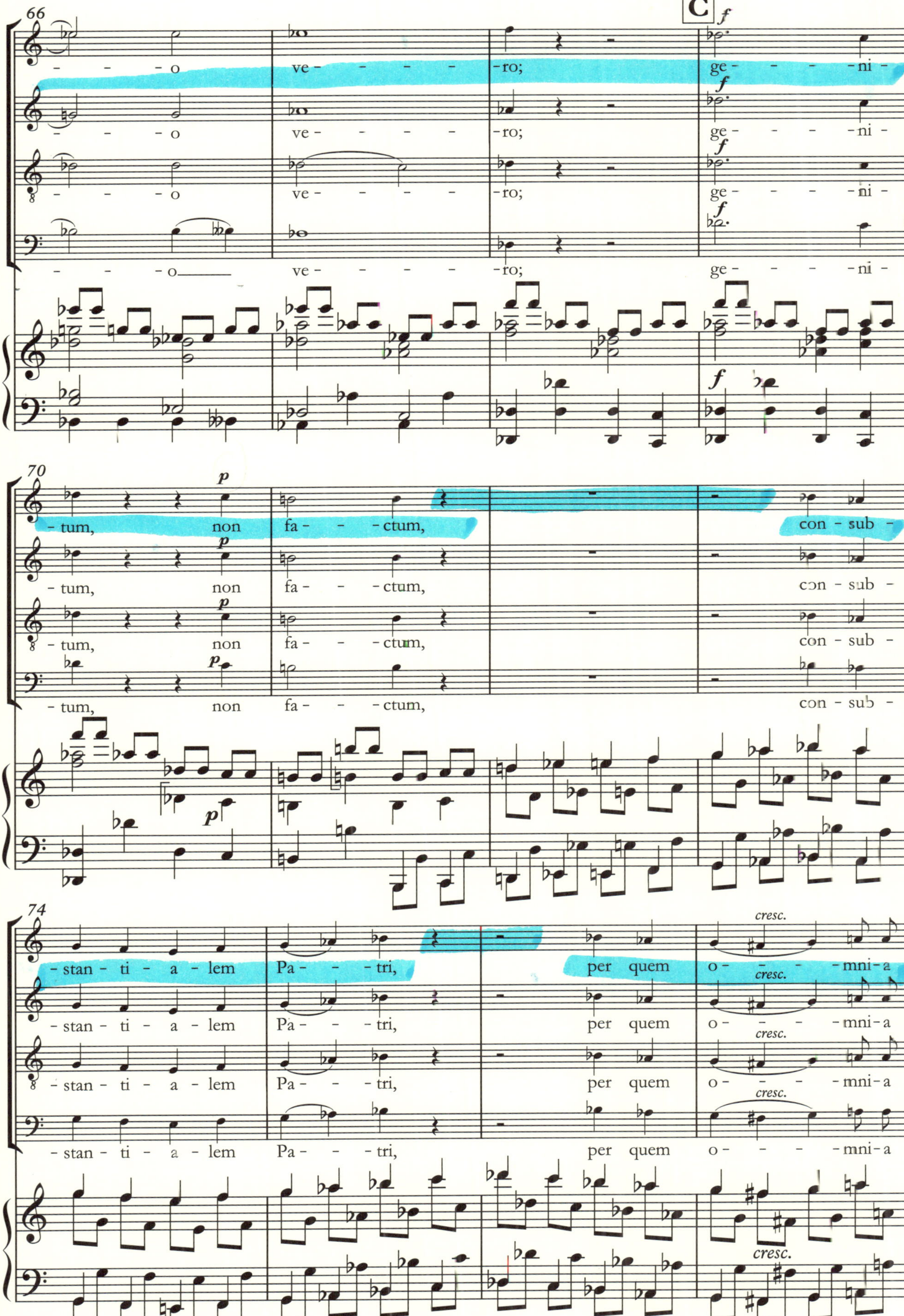
66
C
f
- - - o ve - - - - - ro; ge - - - - - ni -
70
p
- tum, non fa - - - ctum, con - sub -
74
cresc.
- stan - ti - a - lem Pa - - tri, per quem o - - - - mni - a

78
fa - cta sunt, per quem o - - - - - -
fa - cta sunt, per quem o - - - - - -
fa - cta sunt, per quem o - - - - - -
fa - cta sunt, per quem o - - - - - -
82
- - - - - - - mni - a
- - - - - mni-a fa - cta sunt:
- - - - - - - mni - a
- - - - - mni-a fa - cta sunt:
86
fa - - - - cta sunt:
fa - - - - cta sunt:
dim.
cresc.

D
Qui pro - - - pter nos, nos
Qui pro - - - pter nos, nos
Qui pro - - - pter nos, nos
Qui pro - - - pter nos, nos
Trp.
ho - - - - mi - nes et pro - - - pter no - - - stram sa -
ho - - - - mi - nes et pro - - - pter no - - - stram sa -
ho - - - - mi - nes et pro - - - pter no - - - stram sa -
ho - - - - mi - nes et pro - - - pter no - - - stram sa -
- lu - - tem de - - - scen - - - - - -
- lu - - tem de - - - scen - - - - - -
- lu - - tem de - - - scen - - - - - -
- lu - - tem de - - - scen - - - - - -

104
- dit
de
coe - - - - - -
108
- - - - - - - - - lis.
Hr.
poco a poco dim.
112
pp

E
Moderato misterioso
Tenor solo
117
p misterioso
T.
Et in - car - - na - - tus est de Spi - - - - ri - tu
Moderato misterioso
Hbl.
pp
Vl. solo
dolce
p
Va. solo
120
San - - cto ex Ma - ri - - - - - a
pp
Vl. solo
Va. solo
Vl. solo
123
Vir - - - - - - - - gi - - - - ne,
Hbl.
Va. solo
125
F
p dolce
Et in - car -
Hr.
pp
Va. solo
pp

128
T.
-na - tus est de Spi - - - - ri - tu San - - - cto
Sopran
p
et in - - - - - - car - na - tus est
Alt
p
et in - - - - - - car - na - tus est
p dolce
Vl. solo
Va. solo
Vl. solo
cresc.
131
mf
ex Ma - ri - - - - a Vir - - - gi - ne,
pp
pp
de Spi - ri - tu San - cto
pp
de Spi - ri - tu San - cto
Va. solo
mf
Vl. solo
pp
sempre cresc.
134
cresc. sempre
Vir - - - gi - ne Ma - ri - - - - - - a
mf
ex Ma - - -
mf
ex Ma - - -
Va. solo

136
T.
Vir - gi - ne, et in - car -
- ri - - a Vir - - gi - ne,
- ri - - a Vir - - gi - ne,
Vl. solo
f
139
p
- na - - tus est, car - - na - - tus est ex Ma -
cresc.
pp
et in - car - - na - - tus est de Spi - - - ri - tu
et in - car - - na - - tus est de Spi - - - ri - tu
Va. solo
142
dim.
- ri - - a Vir - - - - gi - - ne:
San - - cto, de Spi - ri - tu
San - - cto, de Spi - ri - tu
Vl. solo
dolce

145
San - cto:
San - cto:
pp
et
Fl.
pp
Va. solo
pp
Hr. I/II
Vc.
Kb.
148
G
mf
et
ho - - mo
ho - - mo
fa - - ctus est,
Fl., Ob.
Vl. solo
mf
Pos.
151
mf
et
mf
fa - - ctus est,
et
pp
et
ho - - mo
fa - - ctus est,
Fl.
dim.
pp
Va. solo
mf
Vc.
Kb.
Pos.

154
cresc.
ho - mo, ho - mo fa - ctus
pp
Vl. solo cresc.
157
et ho - mo fa - ctus est.
est.
Str.
160
H Langsam
p
Cru - ci - fi - xus,
Langsam
Vl. I tutti

163
f
dim.
Cru - ci - fi - xus,
Cru - ci - fi - xus,
Cru - ci - fi - xus,
Cru - ci - fi - xus,
Vl.
Va.
f
dim.
166
J
B.
Bass solo
f
Cru - ci - fi - xus
p
cresc.
sf
Cru - ci - fi - xus, cru - ci -
Cru - ci - fi - xus, cru - ci -
Cru - ci - fi - xus, cru - ci -
Cru - ci - fi - xus, cru - ci -
Vc.
p
mf
cresc.
Str.

169
p dolce
cresc.
B.
e- - - -ti-am pro no - bis: sub Pon - ti-o Pi - la- -to
dim.
-fi- - - - - - - xus
dim.
-fi- - - - - - - xus
dim.
-fi- - - - - - - xus
p
e - ti-am pro
dim.
p
-fi- - - - - - - xus e - ti - am pro no - bis, pro
p Vl. I
Str.
172
f
mf
pas - sus, pas - sus, e - ti-am pro
p
e - ti-am pro no - bis:
p
e - ti-am pro no - bis, pro no - bis:
no - bis, pas- -sus, pas - sus pro no - bis:
no- -bis, e - ti-am pro no - bis: sub Pon-ti-o Pi - la - to
cresc.
p sempre
dim.

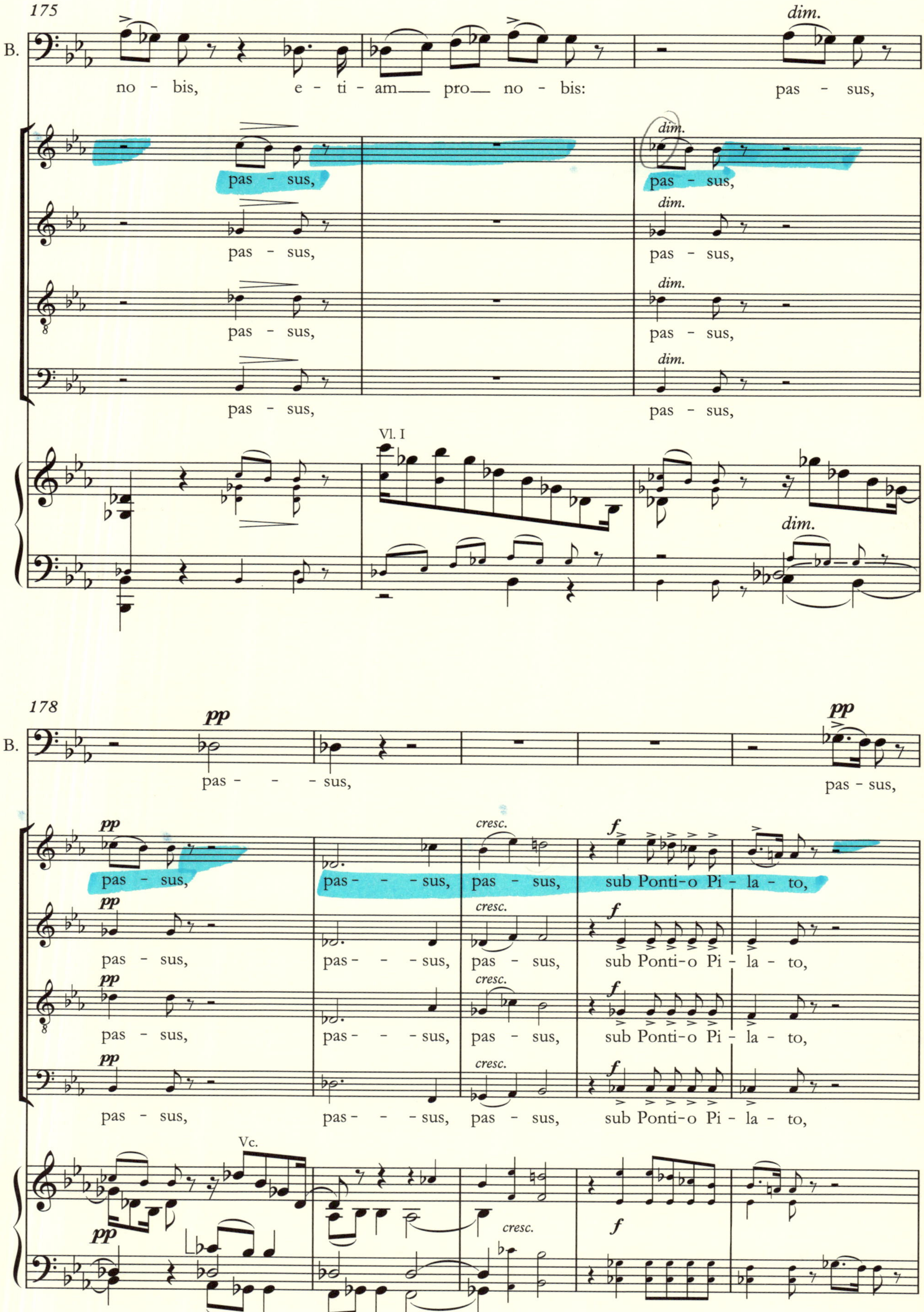
175
B.
dim.
no - bis, e - ti - am pro no - bis: pas - sus,
dim.
pas - sus, pas - sus,
dim.
pas - sus, pas - sus,
dim.
pas - sus, pas - sus,
dim.
pas - sus, pas - sus,
Vl. I
dim.
178
B.
pp
pp
pas - - - sus, pas - sus,
pp
cresc.
f
pas - sus, pas - - - sus, pas - sus, sub Ponti-o Pi - la - to,
pp
cresc.
f
pas - sus, pas - - - sus, pas - sus, sub Ponti-o Pi - la - to,
pp
cresc.
f
pas - sus, pas - - - sus, pas - sus, sub Ponti-o Pi - la - to,
pp
cresc.
f
pas - sus, pas - - - sus, pas - sus, sub Ponti-o Pi - la - to,
Vc.
pp
cresc.
f

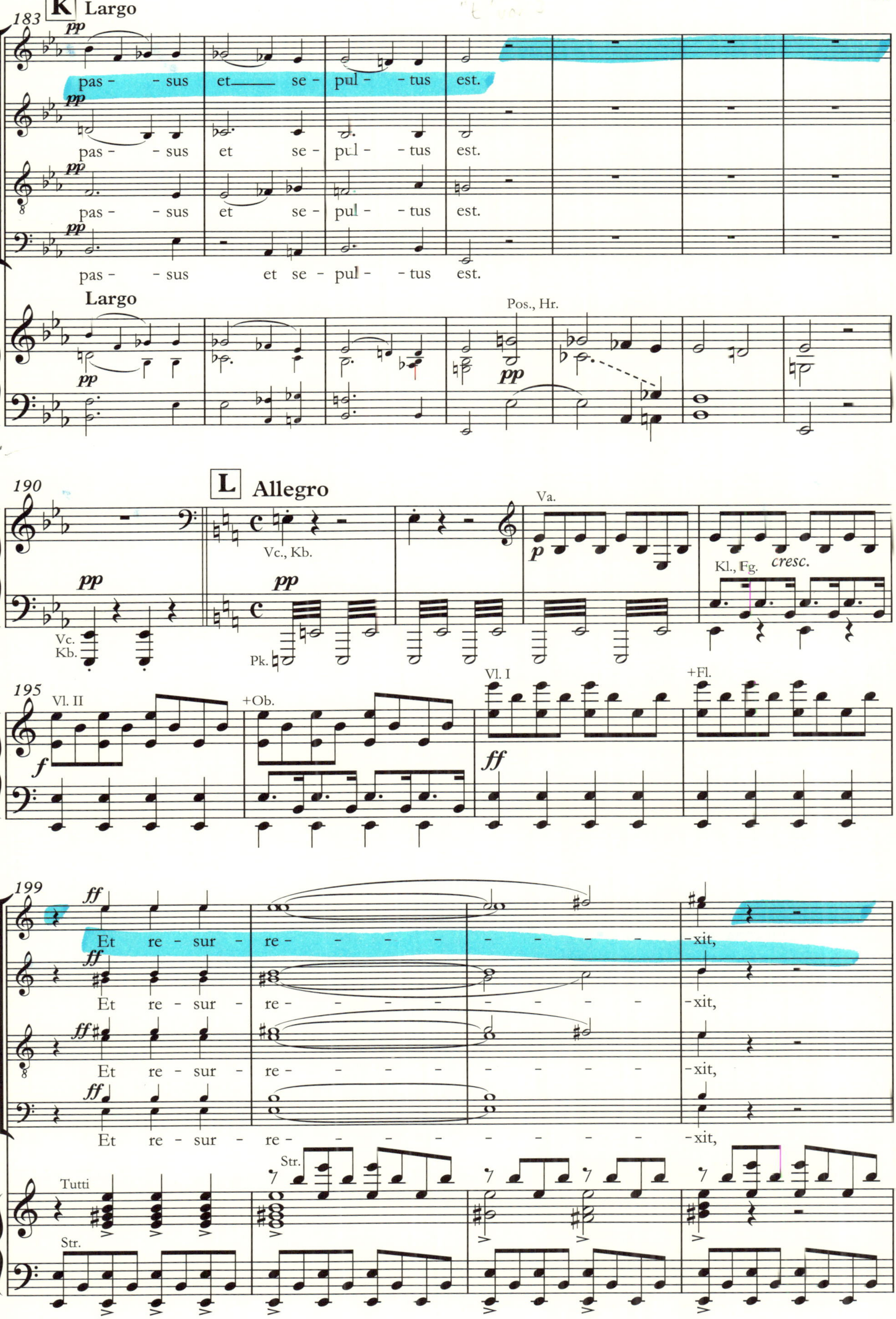
183
K Largo
pp
pas - sus et se - pul - tus est.
Largo
Pos., Hr.
190
L Allegro
Vc., Kb.
Pk.
Va.
cresc.
Kl., Fg.
195
Vl. II
+Ob.
Vl. I
+Fl.
ff
199
Et re - sur - re - xit,
Tutti
Str.

203
et re - sur - re - - - - - - - - - - - - - xit,
207
ter - ti - a di - - - e, se - - cun - - - dum Scri - - ptu - ras.
211
M
Et a - scen - - - - - dit in

215
coe - lum,
coe - lum,
coe - lum,
coe - lum,
219
se - det, se - det,
se - det, se - det,
se - det, se - det,
se - det, se - det,
Bbl.
223
se - det ad dex - te-ram Pa -
se - det ad dex - te-ram Pa -
se - det ad dex - te-ram Pa -
se - det ad dex - te-ram Pa -

N

227
Langsamer
- tris.
- tris.
- tris.
- tris.
Langsamer
Tr.
Tr.
dim. sempre
230
Et
Et
Et
Et
Hbl.
p
cresc.
233
i - - - - - - te - - - rum ven - - - - tu - - - - - - rus
i - - - - - - te - - - rum ven - - - - tu - - - - - - rus
i - - - - - - te - - - rum ven - - - - tu - - - - - - rus
i - - - - - - te - - - rum ven - - - - tu - - - - - - rus
ff
f

236
O
est,
est,
est,
est,
ff
et
i - te - rum,
f
et
i - te - rum,
239
i - te - rum ven - tu - rus est,
et i - te - rum, et i - te -
i - te - rum ven - tu - rus est,
ff
et
242
et i - te - rum ven - tu - rus est,
- rum, et i - te - rum ven - tu - rus est,
et i - te - rum ven -
i - te - rum ven - tu - rus est,
et
poco a poco cresc.

245
ff
et i - te-rum ven - tu - - - rus est
ff
et i - te-rum ven - tu - - - rus est
tu - rus est, et i - te - rum ven - tu - - - rus est
i - te - rum, et i - te - rum ven - tu - - - rus est
Tutti
ff
249
fff
cum
fff
cum
fff
cum
fff
cum
P
253
glo - - ri - a, cum glo - - ri - a
glo - - ri - a, cum glo - - ri - a
glo - - ri - a, cum glo - - ri - a
glo - - ri - a, cum glo - - ri - a
fff
Pos.

257
p
ju - di -
p
ju - di -
Hbl., Str.
dim.
p
Vc.
Kb.
261
Q
- ca - - - - - - - - - re,
ff
- ca - - - - - - - re,
ju - - - - di - ca - - - re,
mf
ju - di - ca - - - re,
ff
ju - - - - di - ca - - - re,
f
ju - di-ca - re,
ff
ju - - - - di - ca - - - re,
f
Hr.
Pos.
ff
265
mf
ju - di - ca - - - - - - - - -
mf
ju - di - ca - - - - - - - re,
f
ju - di - ca - - re,
ff
ju - di-ca - re,
dim.
Str.
p
Hr.
ff
p

R
269
re,
ju - di -
ju - - - - di - - ca - - - re,
ju - di -
Tr., Pos.
Pos.
273
ca - - - - - - - - - - re,
ju - di -
ju - di-ca - re
ca - - - - - - re,
ju - di - ca - re,
ju - di-ca - re vi - - - vos,
8vb
277
ca - - re vi - - - - - - vos,
vi - - - vos,
ju - - di-ca - re
ju - di -
ca - re,
ju - di - ca - re vi - - - vos,
ju - di-ca - re
Hr.

280
ju - di - ca - re vi - vos,
ju - di - ca - re vi - vos, ju - di - ca - re,
ca - re vi - vos, ju - di - ca - re vi -
vi - vos, ju - di - ca - re, ju - di - ca - re
283
sempre ff
ju - di - ca - re vi - vos
ju - di - ca - re vi - vos,
ff
vos, ju - di - ca - re vi - vos
vi - vos
dim. sempre
286
S
p
dim.
pp
et mor - tu - os,
et mor - tu - os,
et mor - tu -
et mor - tu -
Pos.
pp dim.

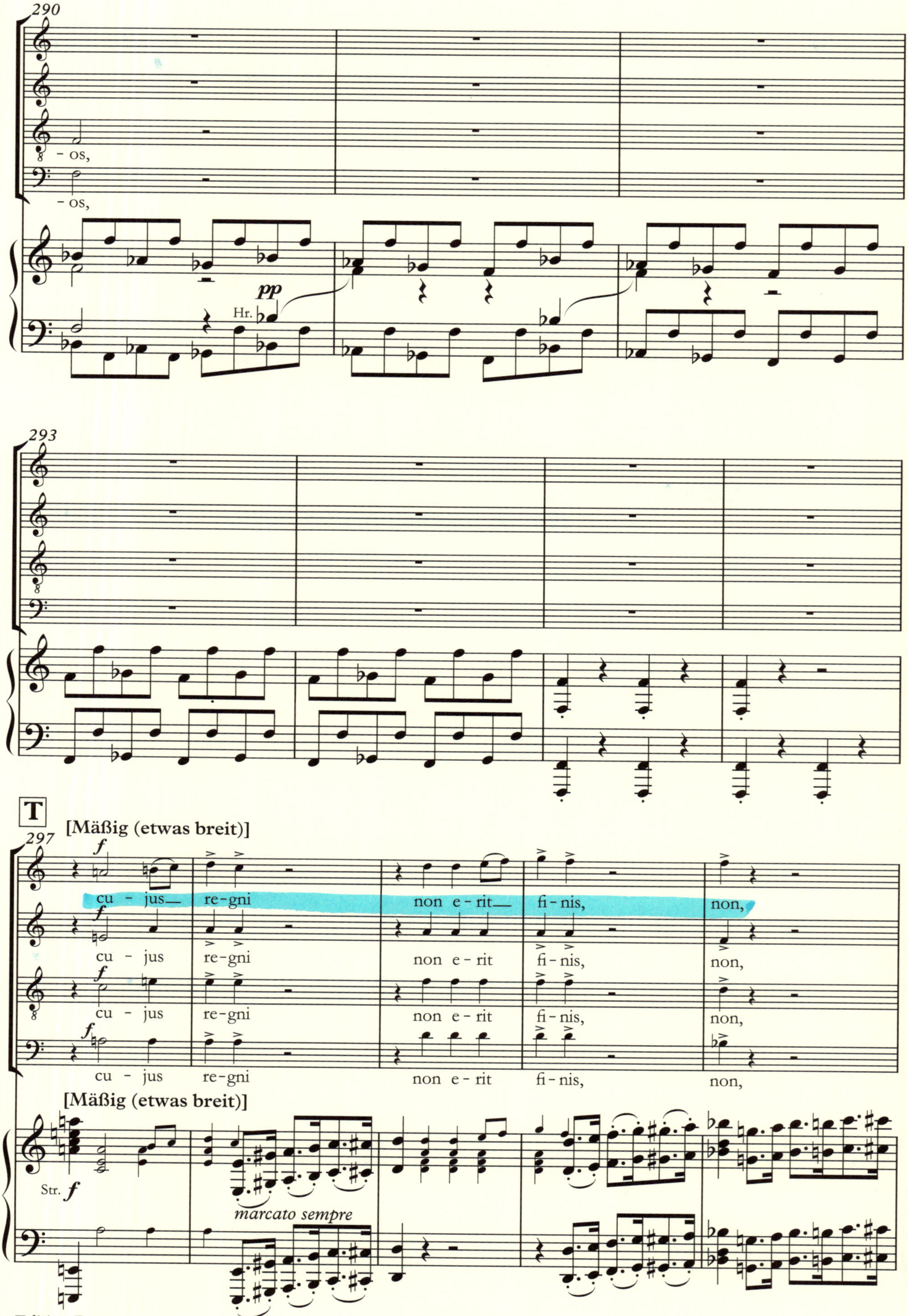
290
- os,
- os,
Hr.
pp
293
T
[Mäßig (etwas breit)]
297
f
cu - jus re-gni non e-rit fi-nis, non,
cu - jus re-gni non e-rit fi-nis, non,
cu - jus re-gni non e-rit fi-nis, non,
cu - jus re-gni non e-rit fi-nis, non,
[Mäßig (etwas breit)]
Str. f
marcato sempre

302
non, non e - rit fi - - - - - - nis,
non, non e - rit fi - - - - - - nis,
non, non e - rit fi - - - - - - nis,
non, non e - rit fi - - - - - - nis,
Trp.
dim.
306
U
p
cu - - - jus re - - - gni
cu - - - jus re - - - gni
pp
non e - rit fi - - - -
Vl.
Fl., Ob.
p dim.
pp
311
-nis,
pp
poco a poco cresc.
non e - rit fi - - - - - -
Vl. I
Va.
Kl.

315
- nis,
cresc.
non e - rit
Vl.
Fg.
Kl.
318
fi - - - - nis.
321
Str.
marcato
ff
Blechbl.
1
1

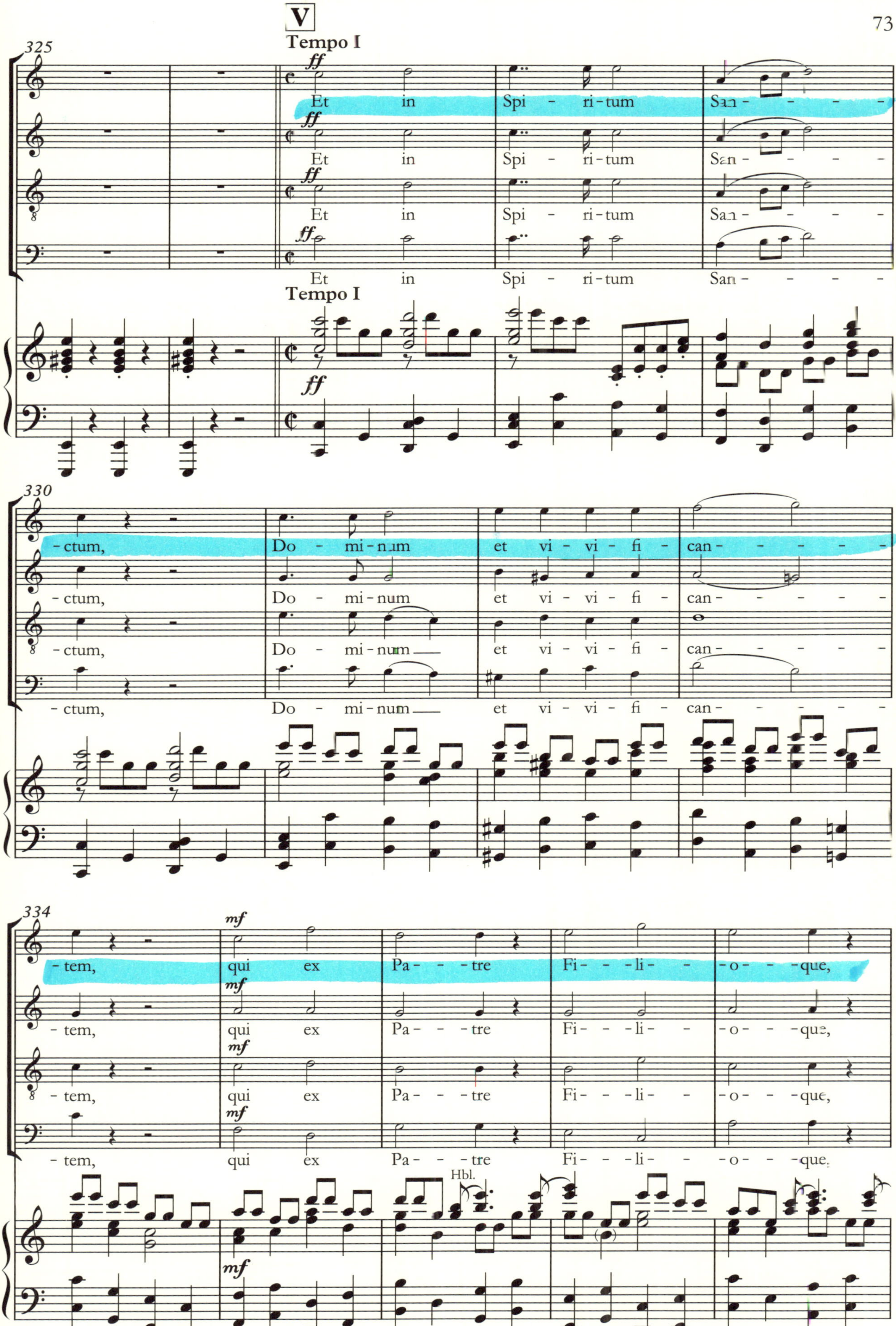
V
Tempo I
325
ff
Et in Spi - ri - tum San - - - - -
Tempo I
330
- ctum, Do - mi - num et vi - vi - fi - can - - - - -
Do - mi - num
334
mf
- tem, qui ex Pa - - tre Fi - - li - - - o - - - que,
Hbl.

339
qui ex Pa - tre Fi - li - o - que pro -
qui ex Pa - tre Fi - li - o - que pro -
qui ex Pa - tre Fi - li - o - que pro -
qui ex Pa - tre Fi - li - o - que pro -
343
- ce - dit;
- ce - dit;
- ce - dit;
- ce - dit;
W
Moderato
348
Sopran solo
S.
qui cum Pa - tre, cum Pa - tre et Fi - li - o,
Alt solo
A.
qui cum Pa - tre, cum Pa - tre et Fi - li - o,
Tenor solo
T.
qui cum
Bass solo
B.
Moderato
Ob. I/II
Vl. I/II
Kl. I/II

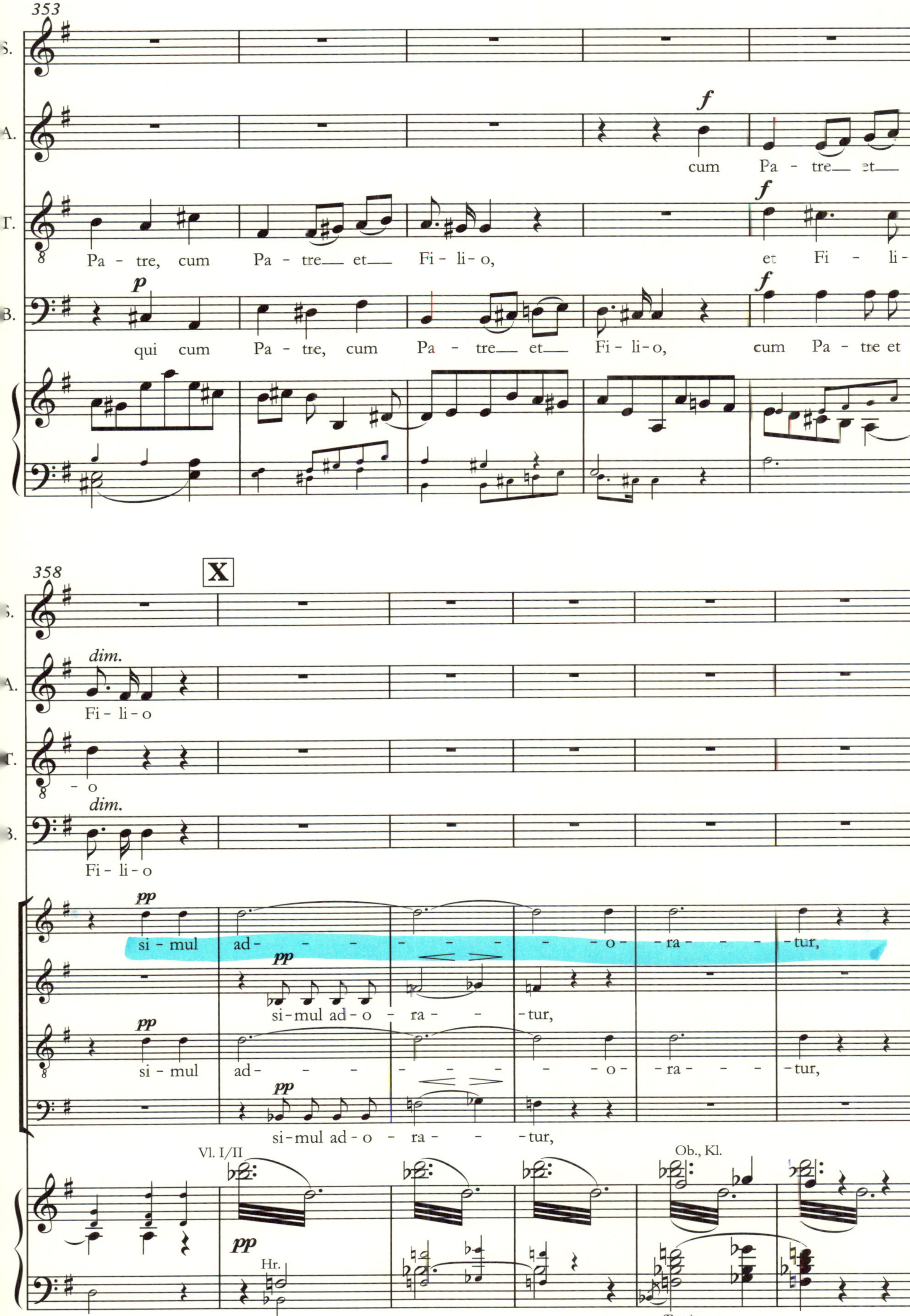
353
S.
A.
T.
B.
f
cum Pa - tre et
Pa - tre, cum Pa - tre et Fi - li - o,
et Fi - li-
p
qui cum Pa - tre, cum Pa - tre et Fi - li - o,
cum Pa - tre et
358
X
dim.
Fi - li - o
- o
dim.
Fi - li - o
pp
si - mul ad - - - - - - - o - - ra - - - - tur,
pp
si - mul ad - o - ra - - tur,
pp
si - mul ad - - - - - - - o - - ra - - - - tur,
pp
si - mul ad - o - ra - - tur,
Vl. I/II
pp
Hr.
Ob., Kl.
(Pos.)

364
cresc.
si - mul ad - - - - - - o - ra - - - tur et
si - mul ad - o - ra - - - tur, et
Hr.
Ob., Kl.
Pos.
370
Y
S.
A.
T.
B.
pp
et con - - glo -
f
con - glo - ri - - - fi - ca - - - - - tur,
mf cresc.
Tr.
Fg.
dim.
Vl. I/II

375
S.
- ri - - fi - ca - - - - tur,
A.
- ri - - fi - ca - - - - tur,
mf
qui lo -
T.
mf
con - - glo - ri - - fi - - ca - tur, qui lo - cu - - - tus
B.
mf
con - - glo - ri - - fi - - ca - tur, qui lo - cu - - - tus
Vl. I/II
p
Hr.
380
S.
f
qui lo - cu - - - tus est per Pro - phe - tas,
A.
f
- cu - tus est per Pro - phe - tas, per Pro - phe - tas,
T.
f
est per Pro - phe - tas, qui lo - cu - tus est, qui lo -
B.
f
est per Pro - phe - tas, qui lo - cu - tus est,
Hr.
f Vl. I/II

385
S.
A.
T.
B.
qui lo - cu - tus est, qui lo - cu - - tus est,
- cu - - - - - - - - tus est, qui lo - cu - - tus est,
Vl. I/II
Va.
389
etwas langsamer
cresc.
dim.
[a tempo]
qui lo - cu - tus est per Pro - phe - - tas.
Str.
p
394
tr
Z
ff

399
ff
Et u - nam san - ctam ca - tho - li -
Tr. Pos.
Vl. 1
403
- cam
et a - po -
Tr., Pos.
407
- sto - li - cam Ec - cle - si - am. Con - fi - te - or

411
u - num ba - pti - sma,
u - num ba - pti - sma,
u - num ba - pti - sma,
u - num ba - pti - sma,
Trp.
Hr.
Hbl.
sempre ff
414
u - num ba - pti - sma, in re -
u - num ba - pti - sma, in re -
u - num ba - pti - sma, in re -
u - num ba - pti - sma, in re -
Ob., Kl., Fg.
Trp.
Hr.
Ob., Kl., Fg.
417
- mis - si - o - nem pec - ca - to - rum;
- mis - si - o - nem pec - ca - to - rum;
- mis - si - o - nem pec - ca - to - rum;
- mis - si - o - nem pec - ca - to - rum;

421 Allegro
ff
et ex - spe - - cto
Allegro
Pos.
ff
Pk.
425
re - sur - re - cti - o - - - - - - nem
429
ritardando
pp
mor - - - tu - - - - o - - rum.
ritardando
dim.
Fg. I/II
pp
Pos.
Pk.

B¹
437
Etwas langsamer als anfangs
Et vi - tam ven - tu - - ri sae - cu - li. A - - - men. Cre - do, cre - do,
Cre - do, cre - do,
Cre - do, cre - do,
Cre - do, cre - do, et vi - tam ven - tu - - ri
Etwas langsamer als anfangs
Va., Vc.
Str.
442
a - - - - - - - - - men, cre - do, cre - do,
Str.
Fg.
Vc., Kb.
447
C¹
a -
cre - do, cre - do,
cre - do, cre - do, et vi - tam ven -
sae - cu - li, a - - - men, cre - do, cre - do, a - - - -
Kl.
Fg.

452
-men, a - men, cre - do, cre - do,
cre - do, cre - do, et
tu - ri sae-cu-li, a - men, cre - do, cre - do,
- men, cre - do, cre - do,
Ob.
457
a - men, a - men, cre - do, cre-
vi - tam ven - tu - ri sae - cu - li, a - men, cre - do, cre-
a - men, cre - do, cre-
a - men, a - men, cre - do, cre-
462
D1
do, et vi - tam ven - tu - ri sae - cu - li, a -
do, et vi - tam ven - tu - ri sae - cu - li, a -
do, a - men, a - men,
do, a - men,
Ob.
Kl.

467
a - men,
men, a - men, a -
et vi - tam ven - tu - ri sae - cu - li, a - men, a -
a - men, et vi - tam ven - tu - ri sae - cu - li, a -
Hr.
Fg.
Pos.
472
E1
- men, cre - do, cre - do, a - men,
- men, cre - do, cre - do, et vi - tam ven - tu - ri, et
- men, cre - do, cre - do, et vi - tam ven - tu - ri,
- men, cre - do, cre - do, a - men,
Ob.
Hr.
Pos.
477
a - men, et vi - tam ven - tu - ri sae - cu - li,
vi - tam ven - tu - ri, et vi - tam ven - tu - ri sae - cu - li,
et vi - tam ven - tu - ri, vi - tam ven - tu - ri sae - cu - li,
a - men, et vi - tam ven - tu - ri sae - cu - li,

482
F1
a - - men, cre - - do, cre - - do, et vi - tam ven - tu - ri
a - - men, cre - - do, cre - - do, a - men, a - - - men,
a - - men, cre - - dc, cre - - do, a - - - men,
a - - men, cre - - do, cre - - do, a - men,
Tr.
Str.
Pos.
Fl., Cb.
488
G1
sae - cu - - li, cre - - do, cre - - do, et vi - tam ven -
a - - - men, cre - - do, cre - - do, a - - men,
a - - - men, cre - - do, cre - - do, a -
a - - - men, cre - - do, cre - - do, et vi - tam ven -
Str.
Ob.
493
- tu - - ri sae - - cu - li, cre - do, cre - do, et vi - tam ven-
a - - men, a - - men, cre - do, cre - do, et
- - - - - men, cre - do, cre - do,
- tu - - ri sae - - cu - li, cre - do, cre - do,
Pos.
Kl.
Ob.

499
tu - ri saeculi,
vitam venturi saeculi, amen,
et vitam venturi saeculi,
et vitam saeculi.
ff
f
Fg.
Hr.
Pos.
pp
Pk.
504
H1
p
et vitam venturi saeculi, amen.
cresc.
Ob.
Vl.
Sopran solo
509
S.
B.
A - men, a - men, a - men, a - men, a -
cresc.
Bass solo
mf
A - men, A - men, a -
Vl. I/II

514
J1 Allegro
tr
men, a – men.
men, a – men.
ff
Cre – do, cre – do.
A – men, a – men.
Allegro
518
521

Sanctus

Moderato
Sopran
Alt
Tenor
Bass
San - - - - - - ctus,
San - - - - - - ctus,
Moderato
Fl.
Fl., Ob.
Kl., Vl. I/II
San - - - ctus,
San - - - ctus,
San - - - - - -
San - - - - - -
cresc.
- ctus,
- ctus,
San - - - ctus,
San - - - ctus,
San - - - ctus,
San - - - ctus,
cresc.

10
cresc.
San - ctus,
ff
Do - mi-nus
Tr., Fos.
Pk.
13
A
De - us
Sa - ba - oth!
Str.
marcato
dim.
16
pp
San - ctus.
Ob., Kl.
Str.
ff
tr

19
Allegro
Sopran solo
S.
Alt solo
A.
Tenor solo
T.
Bass solo
B.
ff
Ple - ni sunt coe - li et ter - - ra glo -
Ple - ni sunt coe - li et ter - - ra glo -
Ple - ni sunt coe - li et ter - - ra glo -
Ple - ni sunt coe - li et ter - - ra glo -
Allegro
Hbl., Hr.
Str.
Tr.
Pos.
Hbl.
23
Sopran solo mf
Ho -
- - - - - - - - - - - - - - - ri - a tu - a.
- - - - - - - - - - - - - - - ri - a tu - a.
- - - - - - - - - - - - - - - ri - a tu - a.
- - - - - - - - - - - - - - - ri - a tu - a.
p

27
B Hosanna
- san - - na in ex - cel - sis.
Tenor solo
mf
Ho -
Bass solo
mf
Ho -
f
Ho - san - na in ex - cel - sis,
Ho - san - na in ex - cel - sis,
Ho - san - na in ex - cel - sis,
Ho - san - na in ex - cel - sis,
Hosanna
Vl.
p
Hr.
f
p
Vc., Kb.
31
Alt solo
mf
Ho - san - - na in ex - cel - sis.
- san - - na in ex - cel - sis.
- san - - na in ex - cel - sis.
f
ho -
ho -
ho -
ho -
Fg.
cresc.
p
cresc.
f

35
- san - - na in ex - cel - - sis, ho - san - - na, ho -
- san - - na in ex - cel - - sis, ho - san - - na, ho -
- san - - na in ex - cel - - sis, ho - san - - na, ho -
- san - - na in ex - cel - - sis, ho - san - - na, ho -
Fl.
38
- san - - na, ho - san - - - - na in ex - -
- san - - na, ho - san - - - - na in ex - -
- san - - na, ho - san - - - - na in ex - -
- san - - na, ho - san - - - - na in ex - -
cresc.
41
- cel - - - - - - - sis,
- cel - - - - - - - sis,
- cel - - - - - - - sis, ho -
- cel - - - - - - - sis, ho -
ff
ff sempre
8
loco

44
ho - san - - - na in ex - ce - - - - - -
ho - san - - - na in ex - cel - - - - - -
- san - - - - - - na in ex - cel - - - - - - - - - - -
- san - - - - - - na in ex - cel - - - - - - - - - - - - - -
Hbl.
47
C
- sis, ho - san - na in ex -
- sis, ho - san - na in ex -
- sis, ho - san - na in ex -
- sis, ho - san - na in ex -
ff
50
- cel - - - - - - - - - - - - - - sis.
- cel - - - - - - - - - - - - - - sis.
- cel - - - - - - - - - - - - - - sis.
- cel - - - - - - - - - - - - - - sis.

Benedictus

Allegro moderato
Sopran
Alt
Tenor
Bass
Allegro moderato
Vl. dolce
Vc.
p
Str.
Vc.
6
cresc.
dim.
pp
Vl.
13
cresc.
dim.
p
18
Sopran solo
p dolce
cresc.
Be- - -ne - di - ctus qui ve- - - - -nit,
Alt solo
p dolce
cresc.
Be- - -ne - di - ctus qui ve - nit in no - mi-ne Do - mi-ni,
Tenor solo
p
cresc.
Be- - -ne - di - ctus qui ve- - nit,
Bass solo
p
Be-ne-
S.
A.
T.
B.
p Str.
cresc.

A
B
cresc.
-di - - ctus qui ve- - - nit in no - - - mi-ne Do - mi-ni,
Sopran
Be - ne-di - ctus, be - ne-di - ctus qui
Alt
Be - ne-di - ctus, be - ne-di - ctus qui
Vl. I
Str.
dim.
ve - nit in no - mi-ne Do - - mi-ni, be - ne -
ve - nit in no - mi-ne Do - - mi-ni, be - - ne -
be - - - ne - di - ctus qui
be - - - ne -
Tenor solo
qui
- di - ctus,
- di - ctus,
ve - - nit in no - mi - ne Do - - mi-ni,
- di - - ctus qui ve - nit in no - - - mi - ne Do - - mi-ni,

35
cresc.
T.
ve- - -nit, qui ve- - - -nit in no- - -mi-ne, no- - - - -
Bass solo p
B.
be-ne-di-ctus, be-ne-di-ctus, qui ve-nit in
39
C
Sopran solo p
S.
be-ne-
T.
- - mi-ne Do-mi-ni,
B.
no- -mi-ne Do-mi-ni,
Fg.
Va.
Str.
p
43
S.
-di- - - - -ctus, be-ne-di- - - - -
Sopran
p
be-ne-di- - - - - -ctus
Alt
p
be-ne-di- - - - - - -ctus
Vl. I
Ob.
Kl.
Str.

47
cresc.
ctus qui ve - nit,
mf
qui ve - nit,
Vl. I
F.
mf
51
qui ve - nit, be - ne -
pp
Kl.
Fl.
p
55
di - ctus qui ve - nit,
in no - mi - ne Do - mi - ni,
Ob.

*) in den Quellen ***f***

71
75
E
p
be - ne - di - ctus qui ve - nit, qui ve - nit in
poco a poco cresc.
be - ne - di - ctus,
poco a poco
be - ne -
be - ne - di - ctus qui ve - nit in no - mi - ne Do - mi - ni, in
poco a poco cresc.
p poco a poco
be - ne -
Vc.
Str.
poco a poco cresc.
80
no - mi - ne, in no - mi - ne Do - mi - ni, in
cresc.
- di - ctus qui ve - nit, qui ve - nit in
f
no - mi - ne, in no - mi - ne Do - mi - ni,
- di - ctus qui ve - nit

83
no - mi - ne Do - mi - ni,
be - - - ne -
in no - mi - ne Do - mi - ni,
Hbl.
Hr.
87
- di - - ctus qui ve - nit,
be - - ne -
be - - - - ne - di - - ctus qui ve - nit,
be - - - - ne - di - - ctus qui ve - nit, be - ne -
be - - - - ne - di - - - ctus qui
cresc.
91
F
- di - ctus qui ve - nit,
be - - ne - di - - ctus
ve - nit, qui ve - nit,
Fl., Ob.
Kl.

95
p
qui ve- - -nit in no - mi-ne Do-mi-ni,
dim.
f
be - ne - di - ctus
be-ne - di- - - -ctus qui
99
ritard.
in no - mi-ne
in no - mi-ne
qui ve - nit in no - mi-ne Do- - - -mi - ni,
ve- - -nit in no- - -mi - ne Do- - - -mi - ni,
dim.
103
[Tempo I]
Largo
Tempo I
Do- - -mi - ni,
Do - mi - ni,
Do- - -mi - ni,
be- -ne - di - ctus,
Ob.
Va.
Kl.

G
108
Largo
[Tempo I]
pp
be - - - ne - di - - ctus.
Vl. I
Hr.
Str.
Vc.
Kl.
Kb.
mf
113
poco a poco cresc.
Allegro
Sopran solo
H
117
S.
Ho - san - - na in ex - cel - sis.
f
Ho - san - - na in ex -
Va., Vc.
p

120
Alt solo
mf
Ho -
Tenor solo
mf
Ho - san - - - - na in ex - cel - sis.
Bass solo
mf
Ho - san - - - - na in ex - cel - sis.
- cel - - sis,
- cel - - sis,
- cel - - sis,
- cel - - sis,
p
Fg.
cresc.
Vc.
Kb.
123
- san - - - na in ex - - cel - - sis.
f
ho - san - - - na in ex -
ho - san - - - na in ex -
ho - san - - - na in ex -
ho - san - - - na in ex -
Fl.
p
cresc.
f

126
- cel- - - sis, ho - san- - - na, ho - san- - - na, ho -
- cel- - - sis, ho - san- - - na, ho - san- - - na, ho -
- cel- - - sis, ho - san- - - na, ho - san- - - na, ho -
- cel- - - sis, ho - san- - - na, ho - san- - - na, ho -
129
cresc.
- san - - - - - - na in ex - - - -
- san - - - - - - na in ex - - - -
- san - - - - - - na in ex - - - -
- san - - - - - - na in ex - - - -
cresc.
131
ff
- cel - - - - - - - - sis,
- cel - - - - - - - - sis,
- cel - - - - - - - - sis, ho -
- cel - - - - - - - - sis, ho -
8
loco
ff sempre

134
ho - san - na in ex - cel -
ho - san - na in ex - cel -
san - na in ex - cel -
san - na in ex - cel -
Hbl.
137
J
sis,
sis,
sis,
sis,
ho - san - na in ex -
ho - san - na in ex -
ho - san - na in ex -
ho - san - na in ex -
ff
140
cel - sis.
cel - sis.
cel - sis.
cel - sis.

Agnus Dei

Andante
Sopran
Alt
Tenor
Bass
Andante
Str.
p
Fl.
Hbl.
mf
Vc.
5
p
Hbl.
9
A
p
A - - gnus De - - - - i,
p
A - - gnus De - - - - i,
p
A - - gnus De - - - - i,
p
A - - gnus De - - - - i,
Str.
p
cresc.

14
mf
qui tol - lis pec - ca - ta mun -
dim.
qui tol - lis pec - ca - ta mun -
qui tol - lis pec - ca - ta mun -
qui tol - lis pec - ca - ta mun -
Hbl.
Str.
Vc., Kb.
18
B
Sopran solo
mi - se - re - re,
Alt solo
mi - se - re - re,
Tenor solo
mi - se - re - re,
Bass solo
p
mi - se - re - re, mi - se -
cresc.
- di:
pp
Str.

21
S.
A.
T.
B.
cresc.
mi - se - re - re,
mi - se - re - re,
mi - se - re - re,
- re - - - - - re,
ff
mi - - - - se -
mi - - - - se -
mi - - - - se -
mi - se - re - - - - - - - - - re,
ff
Pos.
24
- re - - - - - - re no - - bis.
- re - - - - - - re no - - - bis.
- re - - - - - - re no - - - bis.
mi - - - se - re - - re no - - - bis.
p Str.

28
C
p
A - gnus
De -
p
A - gnus
De -
p
A - gnus
De -
- i,
p
A - gnus
De -
- i,
- i,
Hr.
Str.
maracato
Fg.
cresc.
32
- i,
- i,
mf
qui
tol - lis pec -
mf
qui
tol - lis pec -
mf
qui
tol - lis pec -
mf
qui tol - lis pec -
Hbl., Hr.
Str.
mf
Vc., Kb.
35
Bass solo p
mi - se -
- ca - ta
dim.
mun -
- di:
- ca - ta
dim.
mun -
- di:
- ca - ta
dim.
mun -
- di:
- ca - ta
dim.
mun -
- di:
dim.
pp

38
Sopran solo
S.
p
mi - se - - re - re,
cresc.
mi - se -
Alt solo
A.
p
mi - se - - re - re,
cresc.
mi - se -
Tenor solo
T.
p
mi - se - - re - re,
cresc.
mi - se -
B.
- re - - - re,
cresc.
mi - se - re - - - re,
cresc.
41
S.
- re - re,
A.
- re - re,
T.
- re - re,
B.
ff
mi - - se - - re,
mi - se - re -
ff
mi - - se - - re,
mi - se - re -
ff
mi - - se - - re,
mi - se - re -
ff
mi - se - re - - - re, mi - - se -
ff

44
re no- bis.
re no- bis.
re no- bis.
re re no- bis.
Ob.
Kl.
p
47
D
f
A- gnus
A- gnus De-
f
A- gnus De-
Vl.
Hr.
f
Va., Vc.
Kb.
49
De- i,
i, A- gnus De-
f
A- gnus De-
i,

51
A - gnus De -
- i, A - gnus De -
- i, A - gnus De -
A - gnus De -
53
- i, qui
- i, qui
- i, qui
- i, qui
p
dim.
55
tol - lis, qui tol - lis pec - ca - ta mun -
tol - lis, qui tol - lis pec - ca - ta mun -
tol - lis, qui tol - lis pec - ca - ta mun -
tol - lis, qui tol - lis pec - ca - ta mun -
Ob.
cresc.
p

58
E
ff
- di, A - gnus De - - i,
- di, A - gnus De - - i,
- di, A - gnus De - - i,
- di, A - - gnus De - - i, A - - gnus
61
A - gnus De - i, qui
A - gnus De - i, qui
A - gnus De - i, qui
De - - i, A - - gnus De - - i, qui
64
ritard.
dim. ins pp
dim.
pp
tol - - lis pec - ca - - - ta mun - - di:
tol - - lis pec - ca - - - ta mun - - di:
tol - - lis pec - ca - - ta mun - - di:
tol - - lis pec - ca - - - ta mun - - di:

F
Moderato
do – – na,
Moderato
Hbl.
Str.
cresc.
do – – na nobis pa – cem,
dim.
Sopran solo
G
p cresc.
do – – na,
p decresc.
mf
ff
Hr.

79
ff
do - - - - - na no - - - - - - bis pa - - - - cem,
ff
do - - - - - na no - - - - - - bis pa - - - - cem,
ff
do - - - - - na no - - - - - - bis pa - - - - cem,
no - - - - - bis pa - - - - - - - - - - - - - - cem,
82
S.
do - - - - na, da pa - cem,
do - - - - na, da pa - - - - cem,
do - - - - na, da pa - - - - cem,
do - - - - na, do - - - na, do - na
do - - - - - na, do - - - - - na, do - na
85
H
pp
pa - - - - cem, do - na no - bis
pp
do - na no - bis
pp
do - na no - bis
pa - - - - cem, do - na no - bis
pp

89
pa - - - cem, do - na no - bis pa - - - cem,
pa - - - cem, do - na no - bis pa - - - cem,
pa - - - cem, do - na no - bis pa - - - cem,
pa - - - cem, do - na no - bis pa - - - - - - - cem,
pp
95
p
do - - - na, do - - - na,
mf
cresc.
98
J
ff
do - - - - - - na
mf
cresc.

100
no - bis
pa -
tr
102
cem,
dim.
104
p
do -
Ob.

106
na
no- bis
pa-
na
no- bis
pa-
p
do-
na
no- bis
p
do-
na
Vl. I
Vc.
Kb.
Pk.
109
cem,
do- na
no- bis
pa-
cem,
do- na
pa-
pa-
cem,
do- na
no- bis
pa-
no-
bis
pa-
114
cem.
cem.
cem.
cem.
Vl.
Ob.
pp
Va.
Pk.
Pk.